SORBETT: FORFRISKENDE OPSKRIFTER PÅ FROSNE LÆSER

Forkæl dig selv med 100 seje og udsøgte smage af hjemmelavede sorbeter

Karl Lundin

ophavsret Materiale ©2024

Alle Rettigheder Reserveret

Ingen en del af det her Bestil kan være Brugt eller overført i nogen form eller ved nogen midler uden det passende skrevet samtykke af det forlægger og ophavsret ejer, undtagen til kort citater Brugt i -en anmeldelse. Det her Bestil bør ikke være taget i betragtning -en erstatning til medicinsk, gyldige, eller Andet professionel råd.

INDHOLDSFORTEGNELSE

INDHOLDSFORTEGNELSE...3
INTRODUKTION..7
BÆRSORBETER..8
1. Jordbærsorbet med Oreo cookies................................9
2. Rød hindbærsorbet...11
3. Blandet bærsorbet..13
4. Jordbær- og kamillesorbet......................................15
5. Jordbær-, ananas- og appelsinsorbet.....................17
6. Banan-jordbær sorbet...19
7. Hindbær sorbet..21
8. Tristar jordbærsorbet...23
EKSOTISKE SORBETER...25
9. Sorbete de Jamaica..26
10. Passionsfrugt sorbet..28
11. Kiwi sorbet...30
12. Kvædesorbet...32
13. Guava sorbet..34
14. Granatæble ingefær sorbet...................................36
15. Tropisk frugtsorbet..38
16. Açaí Sorbet...40
17. Tropisk Margarita Sorbet.....................................42
18. Lychee Rose Sorbet..44
19. Papaya Lime Sorbet...46
20. Guava passionsfrugt sorbet..................................48
FRUGT SORBETER..50
21. Stenfrugtsorbet..51
22. Lady of the Lake..53
23. Avocado sorbet...55
24. Mango sorbet..57
25. Krydret Tamarind Candy Sorbet.........................59
26. Tranebær æblesorbet..62

27. Vandmelon sorbet...64
28. Kaktuspadlesorbet med ananas og lime......................66
29. Avocado-passionsfrugtsorbet...68
30. Soursop sorbet..70
31. Frisk ananas sorbet..72
32. Hvid fersken sorbet..74
33. Pæresorbet...76
34. Concord druesorbet..78
35. Deviled Mango Sorbet..80
36. Abrikossorbet..82
37. Bing kirsebær sorbet..84
38. Cantaloupe sorbet...86
39. Kirsebær sorbet...88
40. Tranebærjuicesorbet..90
41. Honningdug sorbet...92
42. Marcel Desaulniers banansorbet......................................94
43. Fersken-, abrikos- eller pæresorbet................................96
44. Sorbet de Poire..98
45. Sukkerfri æblesorbet..100
CITRUS SORBETER...102
46. Grapefrugt sorbet...103
47. Yuzu Citrus sorbet...105
48. Oaxacan lime sorbet..107
49. Forfriskende limesorbet..109
50. Citronsorbet..111
51. Grapefrugt og Gin Sorbet...113
52. Melon og lime sorbet...115
53. Citron- og chutneysorbet..117
54. Pink Lemonade & Oreo Sorbet......................................119
55. Rubin grapefrugt sorbet..121
56. Mandarin orange sorbet..123
57. Cremet kærnemælk-citronsorbet..................................125
58. Citrus peber sorbet..127
59. Kokos Lime Sorbet...129
60. Lime sorbet...131

61. Honning citron sorbet..133
URTE- OG BLOMSTERSORBETER...135
62. Moringa og blåbærsorbet...136
63. Æble- og myntesorbet...138
64. Konstant kommentar Sorbet..140
65. Cilantro-infunderet avocado lime sorbet............................142
66. Grøn te sorbet..144
67. Earl Grey te sorbet..146
68. Jasmin te sorbet...148
69. Ananas-urtesorbet..150
70. Lavendel sorbet...152
71. Rose Sorbet...154
72. Hibiscus sorbet..156
73. Hyldeblomstsorbet..158
NØDDSORBETER...160
74. Mandel S orbet..161
75. Sorbet med riskager og rødbønnepasta...............................163
76. Pistacie sorbet...165
77. Hasselnøddechokoladesorbet..167
78. Cashew Kokossorbet..169
79. Valnød ahornsorbet...171
ALKOHOLISKE SORBETER..173
80. Bellini Sorbet..174
81. Jordbær Champagne Sorbet..176
82. Applejack Sorbet en Casis..178
83. Hibiscus-Sangria Sorbet..180
84. Champagne cocktailsorbet..183
85. Sorbeternes regnbue..185
86. Lime Daiquiri Sorbet..187
87. Calvados sorbet...189
GRØNTSAGS SORBETER..191
88. Roeborsjtsj sorbet..192
89. Tomat- og basilikumsorbet...194
90. Agurk-Lime Sorbet Med Serrano Chile.............................196
91. Røde bønnepastasorbet...198

92. Majs- og kakaosorbet...200
93. Agurk mynte sorbet...202
94. Sorbet af brændt rød peber...204
95. Roer og appelsinsorbet...206
SUPPE SORBETER..208
96. Gazpacho sorbet...209
97. Kyllingesuppe og dildsorbet...211
98. Gulerod ingefær sorbet..213
99. Svampe Consommé Sorbet...215
100. Vandmelon Agurk Sorbet...217
KONKLUSION...219

INTRODUKTION

Velkommen til "SORBETT: FORFRISKENDE OPSKRIFTER PÅ FROSNE LÆSER" I denne kogebog inviterer vi dig med på en rejse med levende og pirrende smagsoplevelser, der vil transportere dig til en verden af isnende forkælelse. Sorbets, med deres lækre frugtprofiler, cremede teksturer og forfriskende kvaliteter, er den perfekte forkælelse til varme sommerdage, eller når du har lyst til en dejlig frossen dessert. Uanset om du er en garvet sorbet-entusiast eller en nybegynder i verden af hjemmelavede frosne lækkerier, vil denne kogebog give dig en samling nemme at følge opskrifter, der vil løfte dine evner til at lave sorbet og introducere dig til spændende smagskombinationer. Gør dig klar til at omfavne naturens sødme og begiv dig ud på et køligt og lækkert eventyr med vores læskende sorbetopskrifter.

BÆRSORBETER

1. Jordbærsorbet med Oreo cookies

INGREDIENSER:
- 2 dåser Jordbær i sirup
- 2 tsk frisk citronsaft
- 1 tsk vaniljeessens
- 3 kopper friske jordbær i kvarte
- 2 tsk sukker
- 2 spsk balsamicoeddike
- 4 Oreos, smuldret

INSTRUKTIONER:
a) Kom de konserverede jordbær, citronsaft og vaniljeessens i en blender eller foodprocessor og pulsér, til det er glat, cirka 1 minut.
b) Overfør blandingen til en ismaskine.
c) Bearbejd i henhold til producentens anvisninger.
d) Læg de friske jordbær i en mellemstor skål.
e) Drys med sukker og vend dem grundigt.
f) Tilsæt balsamico og rør forsigtigt. Lad stå i 15 minutter, rør af og til.
g) Hæld jordbærsorbeten i skåle. Fordel jordbær over sorbet.
h) Hæld saften ophobet i skålen over jordbærrene og drys derefter Oreos over jordbærrene og server.

2. Rød hindbærsorbet

INGREDIENSER:
- 5 pints hindbær
- 1⅓ kopper sukker
- 1 kop majssirup
- ½ kop vodka

INSTRUKTIONER:
a) Forberedelse Purér hindbærrene i en foodprocessor, indtil de er glatte. Tryk gennem en sigte for at fjerne frøene.
b) Kog Kombiner hindbærpuréen, sukkeret og majssiruppen i en 4-liters gryde og bring det i kog over medium-høj varme under omrøring for at opløse sukkeret. Fjern fra varmen, overfør til en medium skål, og lad afkøle.
c) Afkøl Sæt sorbetbunden i køleskabet og stil den på køl i mindst 2 timer.
d) Frys Fjern sorbetbunden fra køleskabet og tilsæt vodkaen. Fjern den frosne beholder fra fryseren, saml din ismaskine, og tænd den. Hæld sorbetbunden i dåsen og centrifuger lige indtil den er konsistensen af meget blødt flødeskum.
e) Pak sorbeten i en opbevaringsbeholder. Tryk et stykke pergament direkte mod overfladen, og forsegl det med et lufttæt låg.
f) Frys i den koldeste del af din fryser, indtil den er fast, mindst 4 timer.

3. Blandet bærsorbet

INGREDIENSER:
- 3 kopper blandede bær
- 1 kop sukker
- 2 kopper vand
- Saft af 1 lime
- ½ tsk kosher salt

INSTRUKTIONER:
a) I en skål blandes alle bær og sukker sammen. Lad bærrene macerere ved stuetemperatur i 1 time, indtil de slipper deres saft.
b) Overfør bærrene og deres saft til en blender eller foodprocessor og tilsæt vand, limesaft og salt. Puls indtil godt blandet. Overfør til en beholder, dæk til og stil den på køl, indtil den er kold, mindst 2 timer, eller op til natten over.
c) Frys og kærn i en ismaskine efter producentens anvisninger. For en blød konsistens serveres sorbeten med det samme; for en fastere konsistens, overfør den til en beholder, dæk den til og lad den stivne i fryseren i 2 til 3 timer.

4. Jordbær- og kamillesorbet

INGREDIENSER:
- $\frac{3}{4}$ kop vand
- $\frac{1}{2}$ kop honning
- 2 spiseskefulde kamille te knopper
- 15 store jordbær, frosne
- $\frac{1}{2}$ tsk stødt kardemomme
- 2 tsk friske mynteblade

INSTRUKTIONER:
a) Bring vand i kog og tilsæt honning, kardemomme og kamille.
b) Fjern fra varmen efter 5 minutter og afkøl indtil meget koldt.
c) Kom frosne jordbær i en foodprocessor og hak dem fint.
d) Tilsæt den afkølede sirup og blend indtil meget glat.
e) Hæld ud og gem i en beholder i fryseren. Server med mynteblade.

5. Jordbær-, ananas- og appelsinsorbet

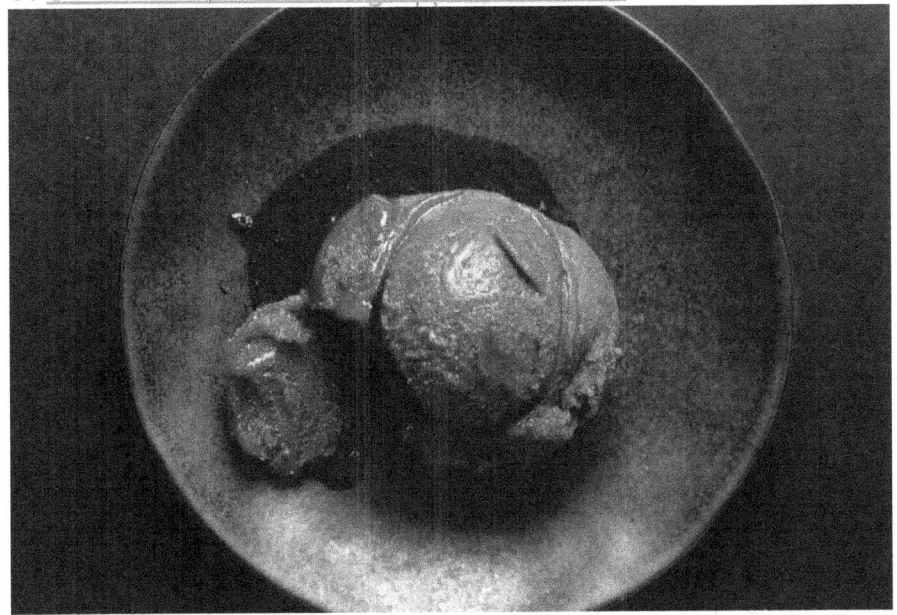

INGREDIENSER:
- 1¼ pund jordbær, skrællet og delt i kvarte
- 1 kop sukker
- 1 kop ananas i tern
- ½ kop friskpresset appelsinjuice
- Saft af 1 lille lime
- ½ tsk kosher salt

INSTRUKTIONER:

a) I en skål blandes jordbær og sukker sammen.

b) Lad bærrene macerere ved stuetemperatur, indtil de frigiver deres saft, cirka 30 minutter.

c) I en blender eller foodprocessor kombinerer du jordbærene og deres juice med ananas, appelsinjuice, limesaft og salt. Purér indtil glat.

d) Hæld blandingen i en skål (hvis du foretrækker en perfekt glat sorbet, hæld blandingen gennem en finmasket si, der er sat over skålen), dæk til og stil den på køl, indtil den er kold, mindst 2 timer eller op til natten over.

e) Frys og kærn i en ismaskine efter producentens anvisninger.

f) For en blød konsistens serveres sorbeten med det samme; for en fastere konsistens, overfør den til en beholder, dæk den til og lad den stivne i fryseren i 2 til 3 timer.

6. Banan-jordbær sorbet

INGREDIENSER:

- 2 modne bananer
- 2 spsk citronsaft
- 1½ kopper frosne (usødede) jordbær.
- ½ dl æblejuice

INSTRUKTIONER:

a) Skær bananerne i kvart tomme skiver, overtræk dem med citronsaft, læg dem på en bageplade og frys dem.

b) Efter at bananerne er frosset, purér dem med de resterende ingredienser i apparatet efter eget valg.

c) Server straks i afkølede kopper. Rester fryser ikke godt, men de er en god smagsgiver til hjemmelavet yoghurt.

7. Hindbær sorbet

INGREDIENSER:
- 4 ounce granuleret sukker
- 1 pund friske hindbær, optøet, hvis de er frosne
- 1 citron

INSTRUKTIONER:
a) Kom sukkeret i en gryde og tilsæt 150 ml/$\frac{1}{4}$ pint vand. Varm forsigtigt op under omrøring, indtil sukkeret er opløst. Øg varmen og kog hurtigt i cirka 5 minutter, indtil blandingen ser sirupsagtig ud.
b) Fjern fra varmen og lad det køle af.
c) Kom imens hindbærrene i en foodprocessor eller blender og purér, indtil de er glatte. Før blandingen gennem en ikke-metallisk sigte for at fjerne frøene.
d) Pres saften fra citronen.
e) Hæld siruppen i en stor kande og rør hindbærpuré og citronsaft i.
f) Dæk til og stil på køl i cirka 30 minutter eller indtil godt afkølet.
g) Kom blandingen i ismaskinen og frys efter anvisningen.

8. Tristar jordbærsorbet

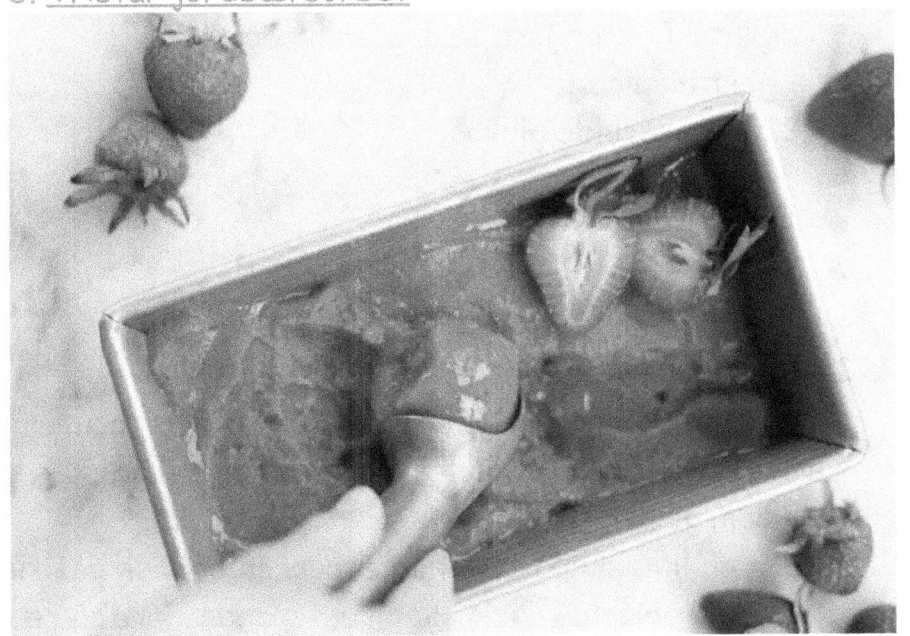

INGREDIENSER:
- 2 pints Tristar jordbær, afskallede
- 1 gelatineplade
- 2 spiseskefulde glukose
- 2 spsk sukker
- $\frac{1}{8}$ tsk kosher salt
- $\frac{1}{8}$ teskefuld citronsyre

INSTRUKTIONER:
a) Purér jordbærene i en blender. Si puréen gennem en finmasket sigte ned i en skål for at si kernerne ud.
b) Bloom gelatinen.
c) Lun en lille smule af jordbærpuréen og pisk gelatinen i, så den opløses. Pisk den resterende jordbærpuré, glucose, sukker, salt og citronsyre i, indtil alt er helt opløst og indarbejdet.
d) Hæld blandingen i din ismaskine og frys i henhold til producentens anvisninger. Sorbeten centrifugeres bedst lige før servering eller brug, men den holder sig i en lufttæt beholder i fryseren i op til 2 uger.

EKSOTISKE SORBETER

9. Sorbete de Jamaica

INGREDIENSER:

- 2½ kopper tørrede Jamaica-blade
- 1 liter vand
- ½ ounce frisk ingefær, finthakket 1 kop sukker
- 1 spsk friskpresset limesaft
- 2 spsk limoncello

INSTRUKTIONER:

a) Lav teen. Læg Jamaica-bladene i en gryde eller skål, bring vandet i kog, og hæld det over bladene. Dæk til og lad det trække i 15 minutter. Si teen og kassér Jamaica-bladene.

b) Lav sorbetbunden. Kom ingefæren i en blender, tilsæt 1 kop te, og blend indtil den er helt pureret, 1-2 minutter. Tilsæt yderligere 1-½ kop te og blend igen.

c) Hæld sorbetbunden i en gryde, tilsæt sukkeret og bring det i kog under omrøring for at opløse sukkeret. Tag gryden af varmen, så snart sorbetbunden koger. Rør limesaften i og afkøl. Stil bunden på køl, indtil den når 60°F.

d) Frys sorbeten ned. Tilføj limoncelloen til den afkølede bund og hæld den i en ismaskine. Frys i henhold til producentens anvisninger, indtil det er frosset, men stadig sludder, 20-30 minutter.

10. Passionsfrugt sorbet

INGREDIENSER:

- 1 tsk pulveriseret gelatine
- 2 citroner
- 9 ounce granuleret sukker
- 8 passionsfrugter

INSTRUKTIONER:

a) Mål 2 spsk vand i en lille skål eller kop, drys gelatinen over og lad det stå i 5 minutter. Pres saften fra citronerne.

b) Kom sukkeret i en gryde og tilsæt 300 ml/½ pint vand. Varm forsigtigt op under omrøring, indtil sukkeret er opløst. Øg varmen og kog hurtigt i cirka 5 minutter, indtil blandingen ser sirupsagtig ud.

c) Tag fra varmen, tilsæt citronsaft og rør derefter gelatinen i, indtil den er opløst.

d) Halver passionsfrugterne og skrab med en lille ske frø og frugtkød ud i siruppen. Lad afkøle.

e) Dæk til og stil på køl i mindst 30 minutter eller indtil godt afkølet.

f) Før den afkølede sirup gennem en ikke-metallisk sigte for at fjerne frøene.

g) Kom blandingen i ismaskinen og frys efter anvisningen.

h) Overfør til en passende beholder og frys, indtil det skal bruges.

11. Kiwi sorbet

INGREDIENSER:
- 8 kiwi frugter
- 1⅓ kopper simpel sirup
- 4 tsk frisk citronsaft

INSTRUKTIONER:

a) Skræl kiwierne. Purér i en foodprocessor. Du skal have omkring 2 kopper puré.

b) Rør den simple sirup og citronsaft i.

c) Hæld blandingen i ismaskinens skål og frys. Følg venligst producentens brugsanvisning.

12. Kvædesorbet

INGREDIENSER:

- 1½ pund modne kvæder (ca. 4 små til mellemstore)
- 6 kopper vand
- 1 (3-tommer) stykke mexicansk kanel
- ¾ kop sukker
- Saft af ½ citron
- Knip kosher salt

INSTRUKTIONER:

a) Skræl, kvartér og udkern kvæderne.

b) Kom stykkerne i en gryde og tilsæt vand, kanel og sukker.

c) Kog uden låg over medium varme, under omrøring af og til, indtil kvæden er meget mør, cirka 30 minutter, og sørg for, at blandingen altid simrer og aldrig koger.

d) Fjern fra varmen, dæk til og lad afkøle i 2 til 3 timer; farven bliver mørkere i løbet af denne tid.

e) Fjern og kassér kanel. Overfør kvædeblandingen til en blender, tilsæt citronsaft og salt, og purér, indtil det er glat.

f) Hæld blandingen gennem en finmasket si sat over en skål. Dæk og stil på køl, indtil det er koldt, mindst 2 timer, eller op til natten over.

g) Frys og kærn i en ismaskine efter producentens anvisninger.

h) For en blød konsistens serveres sorbeten med det samme; for en fastere konsistens, overfør den til en beholder, dæk den til og lad den stivne i fryseren i 2 til 3 timer

13. Guava sorbet

INGREDIENSER:

- 1 gelatineplade
- 325 g guava nektar [1¼ kopper]
- 100 g glukose [¼ kop]
- 0,25 g limesaft [⅛ teskefuld]
- 1 g kosher salt [¼ teskefuld]

INSTRUKTIONER:

a) Bloom gelatinen.

b) Lun en lille smule af guava-nektaren og pisk gelatinen i, så den opløses. Pisk den resterende guava-nektar, glukose, limesaft og salt i, indtil alt er helt opløst og indarbejdet.

c) Hæld blandingen i din ismaskine og frys i henhold til producentens anvisninger. Sorbeten centrifugeres bedst lige før servering eller brug, men den holder sig i en lufttæt beholder i fryseren i op til 2 uger.

14. Granatæble ingefær sorbet

INGREDIENSER:
- 1 kop granuleret sukker
- ½ kop vand
- 1 spsk grofthakket frisk ingefær
- 2 kopper 100% granatæblejuice
- ¼ kop St. Germain likør valgfri

GARNISER:
- frisk granatæble arils valgfrit

INSTRUKTIONER:
a) Bland sukker, vand og ingefær i en lille gryde. Bring det i kog, reducer varmen og lad det simre, mens du pisk af og til, indtil sukkeret er helt opløst. Overfør til en beholder, dæk til og lad den køle helt af i køleskabet. Dette vil tage mindst 20 til 30 minutter eller længere.

b) Når den simple sirup er kølet af, sir du siruppen gennem en finmasket sigte over en stor røreskål. Kassér ingefærstykkerne. Tilsæt granatæblejuice og St. Germain-likør til skålen med siruppen. Pisk godt sammen.

c) Kør blandingen i en ismaskine i henhold til producentens anvisninger. Sorbeten er klar, når den minder om konsistensen af en tyk slushy.

d) Overfør sorbeten til en lufttæt beholder, dæk overfladen med plastfolie og frys i yderligere 4 til 6 timer, eller ideelt natten over. Server og pynt med frisk granatæble.

15. Tropisk frugtsorbet

INGREDIENSER:

- 8 ounces hakket blandet frugt, såsom mango, papaya og ananas
- 5½ ounce flormelis
- 1 spsk limesaft

INSTRUKTIONER:

a) Kom frugten i en foodprocessor eller blender. Tilsæt sukker, limesaft og 7 ounce vand. Purér indtil glat.

b) Overfør til en kande, dæk til og stil på køl i cirka 30 minutter eller indtil godt afkølet.

c) Kom blandingen i ismaskinen og frys efter anvisningen.

d) Overfør til en passende beholder og frys, indtil det skal bruges.

16. Açaí Sorbet

INGREDIENSER:

- 2 kopper friske blåbær
- en lime
- 14 ounce frossen ren usødet Açaí bærpuré
- ½ kop sukker
- ⅔ kop vand

INSTRUKTIONER:

a) Tænd dit komfur på medium og bring vandet i kog i en lille gryde. Når det koger, hældes sukkeret i og røres, så det er helt opløst.

b) Når sukkeret er opløst, tages gryden af komfuret og lidt limeskal røres i. Lad dette stå til siden og køle af, mens du arbejder på de andre dele af sorbeten.

c) Tag din blender frem og kom Açaí-bærmassen, blåbærene og 2 spsk limesaft i. Tryk på "blend"-knappen og purér denne blanding, indtil den er pæn og glat.

d) Tilsæt nu sukker og limevand i blenderen og tryk på "blend" igen.

e) Nu hvor blandingen er blandet perfekt, åbner du din ismaskine og hælder den i skålen. Lad det kærne i cirka 30 minutter, eller indtil sorbeten er tyknet.

f) Overfør sorbeten til en beholder og sæt den i fryseren. Det skal tage mindst 2 timer, før det bliver fast. På det tidspunkt kan du forkæle dig selv med noget sorbet!

17. Tropisk Margarita Sorbet

INGREDIENSER:

- 1 kop sukker
- 1 kop passionsfrugtpuré
- 1½ pund moden mango, skrællet, udstenet og skåret i tern
- Revet skal af 2 lime
- 2 spsk Blanco (hvid) tequila
- 1 spsk appelsinlikør
- 1 spsk lys majssirup
- ½ tsk kosher salt

INSTRUKTIONER:

a) I en lille gryde kombineres sukker og passionsfrugtpuré.
b) Bring det til kogepunktet ved middel varme under omrøring for at opløse
c) sukker. Fjern fra varmen og lad køle af.
d) Kombiner passionsfrugtblandingen, mango i tern, limeskal, tequila, appelsinlikør, majssirup og salt i en blender. Purér indtil glat. Hæld blandingen i en skål, dæk til og stil den på køl, indtil den er kold, mindst 4 timer eller op til natten over.
e) Frys og kærn i en ismaskine efter producentens anvisninger. For en blød konsistens (den bedste, efter min mening), server sorbeten med det samme; for en fastere konsistens, overfør den til en beholder, dæk den til og lad den stivne i fryseren i 2 til 3 timer.

18. Lychee Rose Sorbet

INGREDIENSER:

- 2 kopper litchifrugt på dåse, drænet
- ½ kop sukker
- ¼ kop vand
- 2 spsk rosenvand
- Saft af 1 lime

INSTRUKTIONER:

a) I en blender eller foodprocessor kombineres litchifrugt, sukker, vand, rosenvand og limesaft. Blend indtil glat.

b) Hæld blandingen i en ismaskine og kør efter producentens anvisninger.

c) Når sorbeten er kærnet, overføres den til en beholder med låg og fryses ned i et par timer for at blive fast.

d) Server litchirosesorbeten i afkølede skåle eller glas til en delikat og blomstret dessert.

19. Papaya Lime Sorbet

INGREDIENSER:

- 2 kopper moden papaya, skrællet og skåret i tern
- ½ kop sukker
- ¼ kop vand
- Saft af 2 limefrugter
- Limeskal til pynt (valgfrit)

INSTRUKTIONER:

a) Kombiner papaya, sukker, vand og limesaft i en blender eller foodprocessor. Blend indtil glat.

b) Hæld blandingen i en ismaskine og kør efter producentens anvisninger.

c) Når sorbeten er kærnet, overføres den til en beholder med låg og fryses ned i et par timer for at blive fast.

d) Server papaya limesorbeten i afkølede skåle eller glas.

e) Pynt med limeskal, hvis det ønskes, til en forfriskende og syrlig dessert.

20. Guava passionsfrugt sorbet

INGREDIENSER:
- 2 kopper guava frugtkød (frisk eller frossen)
- ½ kop passionsfrugtkød (frisk eller frossen)
- ½ kop sukker
- Saft af 1 lime

INSTRUKTIONER:

a) I en blender eller foodprocessor kombineres guavapulpen, passionsfrugtmasse, sukker og limesaft. Blend indtil glat.

b) Hæld blandingen i en ismaskine og kør efter producentens anvisninger.

c) Når sorbeten er kærnet, overføres den til en beholder med låg og fryses ned i et par timer for at blive fast.

d) Server guava passionsfrugtsorbeten i afkølede skåle eller glas til en sød og syrlig tropisk dessert.

FRUGT SORBETER

21. Stenfrugtsorbet

INGREDIENSER:

- 2 pund stenfrugter, udstenede
- ⅔ kop sukker
- ⅓ kop lys majssirup
- ¼ kop stenfrugt vodka

INSTRUKTIONER:

a) Prep Purér frugten i en foodprocessor, indtil den er glat.

b) Kog Kombiner den purerede frugt, sukker og majssirup i en 4-liters gryde og bring det i kog under omrøring for at opløse sukkeret. Fjern fra varmen, overfør til en medium skål, og lad afkøle.

c) Chill Si blandingen gennem en sigte over i en anden skål. Stil i køleskabet og stil på køl i mindst 2 timer.

d) Frys Tag sorbetbunden ud af køleskabet og rør vodkaen i. Fjern den frosne beholder fra fryseren, saml din ismaskine, og tænd den. Hæld sorbetbunden i dåsen og centrifuger lige indtil den er konsistensen af meget blødt flødeskum.

e) Pak sorbeten i en opbevaringsbeholder. Tryk et stykke pergament direkte mod overfladen og forsegl det med et lufttæt låg. Frys i den koldeste del af din fryser, indtil den er fast, mindst 4 timer.

22. Lady of the Lake

INGREDIENSER:
- ¼ kop vodka eller gin
- 2 spsk Sweet Cream Ice Cream
- 4-ounce scoop af stenfrugtsorbet
- 1 cocktail sværd

INSTRUKTIONER:
a) Ryst vodkaen og isen i en shaker, indtil isen netop er smeltet og indarbejdet.
b) Placer en ske af sorbet i et afkølet glas.
c) Hæld vodkaen rundt om og server.

23. Avocado sorbet

INGREDIENSER:
- 1 ½ kopper
- 4 kopper mandelmælk, usødet
- 4 modne avocadoer, skrællede, udstenede og hakkede
- 2 teskefulde mangoekstrakt
- 1 tsk havsalt, fint
- 4 spiseskefulde limesaft

INSTRUKTIONER:
a) Blend alle ingredienserne i en blender, indtil de er helt glatte.
b) Fyld din ismaskine halvvejs med blandingen og bearbejd i henhold til producentens anvisninger.

24. Mango sorbet

INGREDIENSER:

- saft af 1 citron
- saft af ½ appelsin
- ½ kop superfint sukker
- 2 store modne mangoer
- 1 stor æggehvide, pisket

INSTRUKTIONER:

a) Bland frugtsaften med sukkeret. Skræl og udsten mangoerne, og reducer derefter kødet til en puré i en blender. Overfør til en stor skål og rør frugtsaften i. Vend den piskede æggehvide i.

b) Hæld i en ismaskine og bearbejd i henhold til producentens anvisninger, eller hæld i en frysebeholder og frys ved at bruge håndblandingsmetoden.

c) Når sorbeten er fast, fryses den i en frysebeholder i 15 minutter eller indtil den skal serveres. Tag den om nødvendigt ud af fryseren i 5 til 10 minutter før servering for at blive blød. Server for sig selv eller med et par mangoskiver og lidt hindbærsauce.

d) Denne sorbet spises bedst frisk, men den kan fryses i op til 1 måned.

25. Krydret Tamarind Candy Sorbet

INGREDIENSER:

- 2 ounce tamarindbælge
- 1 dl vand, plus mere hvis nødvendigt
- 1 kop sukker
- 1 tsk kosher salt
- 2 til 3 teskefulde malet piquín eller árbol chile
- 3 ounces blød tamarind slik, revet i bidder
- Chamoy (valgfrit), til at hælde ovenpå

INSTRUKTIONER:

a) Pil skallen af tamarindbælgene og kassér dem sammen med eventuelle trævlede bidder. Kom tamarindmassen og vandet i en medium gryde ved middel varme og bring det i kog. Skru ned for varmen og lad det simre under omrøring fra tid til anden, indtil tamarinden er mør, cirka 30 minutter. Lad køle af.

b) Si blandingen gennem en finmasket si sat over en skål, og spar både frugtkødet og væsken. Mål væsken, tilsæt mere vand for at lave $3\frac{1}{2}$ kopper. Kom væsken tilbage i gryden, tilsæt sukkeret og kog under konstant omrøring, indtil sukkeret er opløst.

c) Pres tamarindmassen gennem sigten (ved at bruge hænderne bliver det rodet, men det er den bedste måde), og tilsæt til gryden. Rør saltet og 1 tsk af chilien i, smag til og tilsæt mere, indtil blandingen har tilstrækkelig varme, og husk på, at krydretheden vil aftage lidt, når sorbeten er frosset. Dæk til og stil på køl til det er koldt i mindst 4 timer eller op til natten over.

d) Frys og kærn i en ismaskine efter producentens anvisninger. Når det er delvist frosset, tilsæt slik, og fortsæt derefter behandlingen, indtil det er frosset. Overfør til en beholder, dæk til og lad stivne i fryseren i 2 til 3 timer. Server eventuelt toppet med chamoy.

26. Tranebær æblesorbet

INGREDIENSER:

- 2 gyldne lækre æbler,
- skrællet,
- Udkernet, og groft hakket
- 2 kopper tranebærjuice

INSTRUKTIONER:

e) Kombiner æbler og juice i en mellemstor gryde. Varm op til kogning.

f) Reducer varmen til at simre, læg låg på og kog i 20 minutter, eller indtil æblerne er meget bløde.

g) Afdæk og stil til side til afkøling til stuetemperatur.

h) Purér æble og juice i en foodprocessor eller blender, indtil det er glat.

i) Hæld i ismaskine og forarbejd til sorbet efter producentens anvisninger. (gå til 9.) ELLER 6. Hvis du ikke bruger en ismaskine, hæld puréen i en 9" firkantet gryde. Dæk til og frys, indtil den er delvis frossen - cirka 2 timer.

j) Afkøl i mellemtiden en stor skål og piskerisene fra en elektrisk røremaskine.

k) Placer puréen i en afkølet skål og pisk ved lav hastighed, indtil stykkerne er brudt op, og pisk derefter ved høj hastighed, indtil den er glat og luftig - cirka 1 minut.

l) Pak sorbet i en frysebeholder og frys ned i flere timer før servering.

27. Vandmelon sorbet

INGREDIENSER:

- 1 ½ pund vandmelon, vejet uden frø eller skind
- 1 ¼ kopper granuleret sukker
- 2 kanelstænger
- 2 spsk korianderfrø, knust
- 3 spsk citronsaft

INSTRUKTIONER:

a) Reducer vandmelonkødet til en puré.

b) Opløs sukker i 2 kopper vand i en tykbundet gryde. Tilsæt kanelstænger og korianderfrø og kog i 5 minutter. Dæk til og lad det trække til det er koldt.

c) Si siruppen i vandmelonpuréen og rør citronsaft i. Hæld blandingen i en beholder. Dæk til og frys, indtil det er fast, pisk 3 gange med 45-minutters intervaller.

d) Overfør sorbeten til køleskabet cirka 30 minutter før servering.

28. Kaktuspadlesorbet med ananas og lime

INGREDIENSER:

- ¾ pund kaktuspadler (nopales), renset
- 1½ dl groft havsalt
- ¼ kop friskpresset limesaft
- 1½ kopper ananas i tern (ca. ½ ananas)
- 1 kop sukker
- ¾ kop vand
- 2 spsk honning

INSTRUKTIONER:

a) Skær de rensede kaktuspadler i cirka 1-tommers firkanter. I en skål, smid kaktusen med saltet.

b) Stil til side ved stuetemperatur i 1 time; saltet vil udvinde det naturlige slim fra kaktusen.

c) Overfør kaktusen til et dørslag og skyl under koldt rindende vand for at fjerne alt salt og slim. Dræn godt af.

d) Purér kaktus, limesaft, ananas, sukker, vand og honning i en blender, indtil det er glat.

e) Hæld blandingen i en skål, dæk til og stil den på køl, indtil den er kold, mindst 2 timer eller op til 5 timer.

f) Frys og kærn i en ismaskine efter producentens anvisninger.

g) For en blød konsistens serveres sorbeten med det samme; for en fastere konsistens, overfør den til en beholder, dæk den til og lad den stivne i fryseren i 2 til 3 timer.

29. Avocado-passionsfrugtsorbet

INGREDIENSER:

- 2 kopper frisk eller optøet frossen passionsfrugtpuré
- $\frac{3}{4}$ kop plus 2 spsk sukker
- 2 små modne avocadoer
- $\frac{1}{2}$ tsk kosher salt
- 1 spsk friskpresset limesaft

INSTRUKTIONER:

a) I en lille gryde kombineres passionsfrugtpuréen og sukkeret.

b) Kog over medium-høj varme under omrøring, indtil sukkeret er opløst.

c) Fjern fra varmen og lad afkøle til stuetemperatur.

d) Skær avocadoerne i halve på langs. Fjern kernerne og hæld kødet i en blender eller foodprocessor.

e) Tilsæt den afkølede passionsfrugtblanding og saltet og bearbejd indtil glat, skrab siderne af blenderglasset eller skålen efter behov.

f) Tilsæt limesaften og kør indtil den er blandet. Hæld blandingen i en skål, dæk til og stil den på køl, indtil den er kold, cirka 2 timer.

g) Frys og kærn i en ismaskine efter producentens anvisninger.

h) For en blød konsistens serveres sorbeten med det samme; for en fastere konsistens, overfør den til en beholder, dæk den til og lad den hærde i fryseren i 2 til 3 timer.

30. Soursop sorbet

INGREDIENSER:
- 3 kopper frisk soursop frugtkød (fra 1 stor eller 2 små frugter)
- 1 kop sukker
- ⅔ kop vand
- 1 spsk friskpresset limesaft
- Knip kosher salt

INSTRUKTIONER:

a) Brug en stor kniv til at skære soursop i halve på langs. Brug en ske til at tage kødet og frøene ud i et målebæger; du skal bruge i alt 3 kopper. Kassér huden.

b) I en skål kombineres soursop og sukker og blandes med en træske, så frugten brydes så meget som muligt. Rør vand, limesaft og salt i.

c) Dæk og stil på køl, indtil det er koldt, mindst 2 timer, eller op til natten over.

d) Frys og kærn i en ismaskine efter producentens anvisninger.

e) For en blød konsistens serveres sorbeten med det samme; for en fastere konsistens, overfør den til en beholder, dæk den til og lad den hærde i fryseren i 2 til 3 timer.

31. Frisk ananas sorbet

INGREDIENSER:
- 1 lille moden Hawaiiananas
- 1 kop simpel sirup
- 2 spsk frisk citronsaft

INSTRUKTIONER:

a) Skræl, udkern og skær ananassen i tern.

b) Kom ternene i en foodprocessor og forarbejd dem til de er meget glatte og skummende.

c) Rør den simple sirup og citronsaft i.

d) Smag til og tilsæt mere sirup eller juice, hvis det er nødvendigt.

e) Hæld blandingen i ismaskinens skål og frys.

f) Følg venligst producentens brugsanvisning.

32. Hvid fersken sorbet

INGREDIENSER:

- 5 modne hvide ferskner
- 1 gelatineplade
- $\frac{1}{4}$ kop glukose
- $\frac{1}{2}$ tsk kosher salt
- $\frac{1}{8}$ teskefuld citronsyre

INSTRUKTIONER:

a) Skær ferskerne i halve og udsten dem. Kom dem i en blender og purér, indtil de er glatte og homogene, 1 til 3 minutter.

b) Før puréen gennem en finmasket sigte i en mellemstor skål.

c) Brug en slev eller ske til at trykke på bunden af puréen for at udtrække så meget saft som muligt; du bør kun kassere et par skefulde faste stoffer.

d) Bloom gelatinen.

e) Lun en lille smule af ferskenpuréen og pisk gelatinen i, så den opløses. Pisk den resterende ferskenpuré, glucose, salt og citronsyre i, indtil alt er helt opløst og indarbejdet.

f) Hæld blandingen i din ismaskine og frys i henhold til producentens anvisninger.

g) Sorbeten centrifugeres bedst lige før servering eller brug, men den holder sig i en lufttæt beholder i fryseren i op til 2 uger.

33. Pæresorbet

INGREDIENSER:

- 1 gelatineplade
- 2⅓ kopper pærepuré
- 2 spiseskefulde glukose
- 1 spsk hyldeblomst cordial
- ⅛ tsk kosher salt
- ⅛ teskefuld citronsyre

INSTRUKTIONER:

a) Bloom gelatinen.

b) Lun en lille smule af pæremosen og pisk gelatinen i, så den opløses. Pisk den resterende pærepuré, glukose, hyldeblomst, salt og citronsyre i, indtil alt er helt opløst og indarbejdet.

c) Hæld blandingen i din ismaskine og frys i henhold til producentens anvisninger. Sorbeten centrifugeres bedst lige før servering eller brug, men den holder sig i en lufttæt beholder i fryseren i op til 2 uger.

34. Concord druesorbet

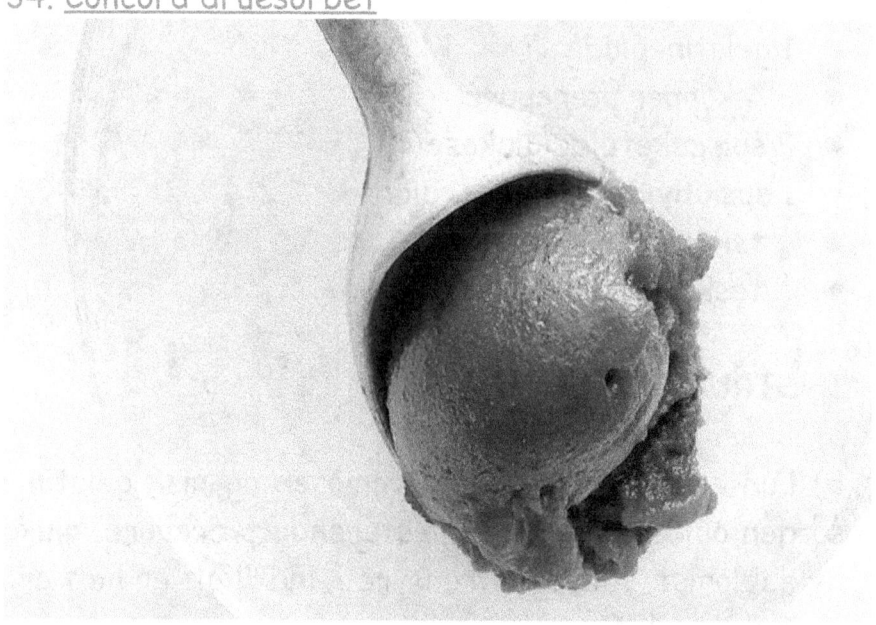

INGREDIENSER:

- 1 gelatineplade
- ½ portion Concord druesaft
- 200 g glukose [½ kop]
- 2 g citronsyre [½ teskefuld]
- 1 g kosher salt [¼ teskefuld]

INSTRUKTIONER:

a) Bloom gelatinen.

b) Lun en lille smule af druesaften og pisk gelatinen i, så den opløses. Pisk den resterende druesaft, glucose, citronsyre og salt i, indtil alt er helt opløst og indarbejdet.

c) Hæld blandingen i din ismaskine og frys i henhold til producentens anvisninger. Sorbeten centrifugeres bedst lige før servering eller brug, men den holder sig i en lufttæt beholder i fryseren i op til 2 uger.

35. Deviled Mango Sorbet

INGREDIENSER:

- ⅓ kop vand
- 1 kop sukker
- 2 piquín chili
- 5¾ kopper moden mango, skrællet, udstenet og skåret i tern
- Saft af 1 lime
- ¾ tsk kosher salt
- 1 tsk malet piquín chile eller cayennepeber

INSTRUKTIONER:

a) I en lille gryde kombineres vandet og sukkeret. Bring det i kog over middel varme, under omrøring for at opløse sukkeret. Fjern fra varmen, rør hele chilien i, og lad den køle af i 1 time.

b) Fjern og kassér chilien fra sukkersiruppen. I en blender blandes sukkersirup og mango i tern og puré, indtil det er glat. Tilsæt limesaft, salt og malet chili og blend for at kombinere.

c) Smag på puréen og bland om ønsket yderligere malet chili i, husk på, at når den først er frosset, vil sorbeten smage lidt mindre krydret.

d) Hæld blandingen gennem en finmasket si sat over en skål. Dæk til og stil på køl, indtil det er koldt, mindst 4 timer, eller op til natten over.

e) Frys og kærn i en ismaskine efter producentens anvisninger.

f) For en blød konsistens serveres sorbeten med det samme; for en fastere konsistens, overfør den til en beholder, dæk den til og lad den stivne i fryseren i 2 til 3 timer.

36. Abrikossorbet

INGREDIENSER:

- ¾ pund meget modne abrikoser skrællet og udstenet
- Saft af 1 stor citron
- ½ kop granuleret sukker

INSTRUKTIONER:

a) Purér abrikoserne i en skål. Tilsæt citronsaft og pisk sukkeret i med en piskeris.

b) Hæld i en beholder, dæk til og frys, indtil den er fast, pisk 3 gange med 45-minutters intervaller.

c) Overfør sorbeten til køleskabet cirka 30 minutter før servering.

37. Bing kirsebær sorbet

INGREDIENSER:

- 2 dåser udstenede mørke søde Bing kirsebær
- 4 spsk frisk citronsaft
- Frys en uåbnet dåse kirsebær, indtil den er fast, cirka 18 timer.

INSTRUKTIONER:

a) Nedsænk dåsen i varmt vand i 1 til 2 minutter.
b) Åbn og hæld siruppen i en foodprocessor skål.
c) Læg frugten på en skæreflade og skær den i stykker.
d) Tilsæt til skålen og purér indtil glat.
e) Tilsæt citronsaft og kør indtil det er blandet grundigt.
f) Dæk til og frys til servering, op til 8 timer.

38. Cantaloupe sorbet

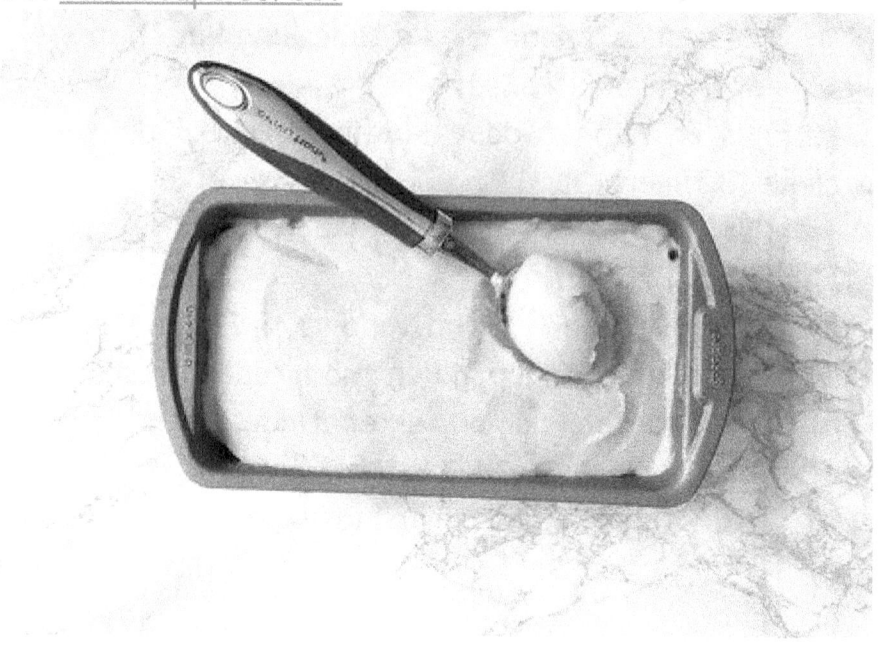

INGREDIENSER:
- 1 mellemstor cantaloupe eller anden melon, frøet
- 1 kop simpel sirup (opskrift følger)
- 2 spsk frisk citronsaft
- friske bær til pynt

INSTRUKTIONER:
a) Skær den modne cantaloupe frisk i stykker og purér dem i en foodprocessor til at måle omkring 3 kopper.
b) Rør sirup og citronsaft i. Smag omhyggeligt til.
c) Hvis melonen ikke er helt moden, kan du eventuelt tilsætte lidt mere sirup.
d) Dæk og frys frugtpuréen i isterningbakker [vi havde brug for 2,5 bakker til en værdi].
e) Når de er frosne, lægges flere tern ad gangen i en foodprocessor og pureres, indtil det er glat.
f) Bearbejd så mange terninger, som du vil, og nyd!

39. Kirsebær sorbet

INGREDIENSER:

- Tre 16-ounce dåser med udstenede Bing-kirsebær i kraftig sirup
- 2 kopper simpel sirup
- ¼ kop frisk citronsaft
- ¼ kop vand

INSTRUKTIONER:

a) Dræn kirsebærene, gem 2 spsk sirup. Sæt kirsebærene gennem en madmølle.

b) Rør kirsebærsirup, simpel sirup, citronsaft og vand i.

c) Hæld blandingen i ismaskinens skål og frys. Følg venligst producentens brugsanvisning.

40. Tranebærjuicesorbet

INGREDIENSER:

- 3 kopper plus 6 spiseskefulde tranebærjuice på dåse eller flaske
- $\frac{1}{2}$ kop plus 1 spiseskefuld simpel sirup

INSTRUKTIONER:

a) Bland tranebærjuice og simpel sirup.

b) Hæld blandingen i ismaskinens skål og frys. Følg venligst producentens brugsanvisning.

41. Honningdug sorbet

INGREDIENSER:
- 1 stor moden honningmelon
- ½ kop sukkersirup
- 6 spsk frisk limesaft
- 6 tynde limeskiver til pynt
- 6 kviste frisk mynte til pynt

SIRUP:
- ½ kop vand
- 1 kop sukker

INSTRUKTIONER:
a) Til siruppen kombineres vand og sukker i en gryde. Rør ved middel varme, indtil sukkeret er opløst.

b) Øg varmen og bring det i kog. Kog uden omrøring i 5 minutter.

c) Afkøl siruppen, dæk derefter til og stil den på køl, indtil den skal bruges.

d) Skræl, frø og hak melon. Purér i en foodprocessor (ca. 4 kopper). Bland puré, sukkersirup og limesaft i en skål.

e) Frys i ismaskinen efter anvisning. Frys derefter i fryseren i 2-3 timer for at stivne.

f) Pynt med limeskive og mynte.

42. Marcel Desaulniers banansorbet

Giver 1 ¾ liter

INGREDIENSER:

- 2 kopper vand
- 1½ dl granuleret sukker
- 3 pund bananer, skrællede
- 2 spsk frisk citronsaft

INSTRUKTIONER:

a) Opvarm vand og sukker i en stor gryde over medium-høj varme.

b) Pisk for at opløse sukkeret. Bring blandingen i kog, og lad den koge, indtil den er let tyknet og reduceret til 2 ¼ kopper, cirka 15 minutter.

c) Mens sukker og vand reduceres til en sirup, skrælles bananerne.

d) Knus dem til en ru konsistens i en skål af rustfrit stål med en hulske (udbyttet skal være omkring 3 kopper). Hæld den kogende sirup over de mosede bananer.

e) Afkøl i et isvandbad til en temperatur på 40 til 45°F i cirka 15 minutter.

f) Tilsæt citronsaften, når den er kold. Frys i en isfryser efter producentens anvisninger.

g) Overfør den halvfrosne sorbet til en plastikbeholder, dæk beholderen forsvarligt, og stil den derefter i fryseren i flere timer før servering.

h) Server inden for 3 dage.

43. Fersken-, abrikos- eller pæresorbet

INGREDIENSER:

- 2 (15-ounce) dåser ferskenhalvdele, abrikoser eller
- pærehalvdele i kraftig sirup
- 1 spsk pæresnaps eller amaretto (valgfrit)

INSTRUKTIONER:

a) Frys uåbnede dåser med frugt i 24 timer.

b) Fjern dåser fra fryseren; sænk dem i varmt vand i 1 minut.

c) Åbne dåser; hæld forsigtigt eventuel smeltet sirup i blender eller foodprocessor; fjern frugt fra dåse; skåret i stykker.

d) Tilføj til blender. Bearbejd indtil glat.

e) Tilføj likør; proces indtil kombineret. Overfør til en beholder. Dække over; frys til servering.

44. Sorbet de Poire

INGREDIENSER:
- Dåse eller friske pærer
- Citronsaft
- 1 ¾ kopper granuleret sukker
- 1 kop vand
- 2 æggehvider

INSTRUKTIONER:
a) Blend nok dåse eller friske pærer, pocheret med saften af 1 citron i 10 minutter, til at lave 2 kopper puré.
b) Bland sukker og vand og kog i 5 minutter. Bland med puré og afkøl helt.
c) Pisk æggehviderne stive og vend dem i pæreblandingen sammen med saften af 1 citron (hvis der skal mere citron til).
d) Frys i en mekanisk frysebakke, omrør efter behov.

45. Sukkerfri æblesorbet

INGREDIENSER:

- 3 kopper usødet æblejuice
- En 6-ounce dåse usødet koncentreret æblejuice
- 3 spsk frisk citronsaft

INSTRUKTIONER:

a) Læg æblejuicekoncentratet og citronsaften i maskinens skål og frys.

CITRUS SORBETER

46. Grapefrugt sorbet

INGREDIENSER:
- 4 grapefrugter
- 3 spsk frisk citronsaft
- $\frac{1}{2}$ kop lys majssirup
- ⅔ kop sukker
- Valgfri aromater: Et par kviste af estragon, basilikum eller lavendel; eller $\frac{1}{2}$ halv vaniljestang split; frø fjernet
- $\frac{1}{4}$ kop vodka

INSTRUKTIONER:
a) Forberedelse Fjern 3 strimler skal fra 1 grapefrugt med en skræller. Skær alle grapefrugterne i halve og pres 3 kopper juice fra dem.
b) Kog Kombiner grapefrugtjuice, -skal, citronsaft, majssirup og sukker i en 4-liters gryde og bring det i kog under omrøring for at opløse sukkeret. Overfør til en mellemstor skål, tilsæt aromater, hvis du bruger, og lad afkøle.
c) Chill Fjern grapefrugtskallet. Stil sorbetbunden i køleskabet og stil på køl i mindst 2 timer.
d) Frys Fjern sorbetbunden fra køleskabet og si eventuelle aromater fra. Tilsæt vodkaen. Fjern den frosne beholder fra fryseren, saml din ismaskine, og tænd den. Hæld sorbetbunden i dåsen og centrifuger lige indtil den er konsistensen af meget blødt flødeskum.
e) Pak sorbeten i en opbevaringsbeholder. Tryk et stykke pergament direkte mod overfladen og forsegl det med et lufttæt låg. Frys i den koldeste del af din fryser, indtil den er fast, mindst 4 timer.

47. Yuzu Citrus sorbet

INGREDIENSER:

- 1 citron
- 1 yuzu citrus
- 6 spsk sukker
- Skræl fra ¼ yuzu citrus
- 250 ml vand

INSTRUKTIONER:

a) Skær citron og yuzu-citrus i halve, og saft begge dele.

b) Kombiner citronsaft, yuzu-citrussaft og sukker i en gryde, og opvarm.

c) Tilsæt 150 ml vand og rør rundt for at opløse sukkeret.

d) Overfør blandingen fra gryden til en beholder, og tilsæt derefter 100 ml vand for at afkøle den.

e) Når den er afkølet, placer den i fryseren i cirka 3 timer for at sætte sig.

f) Når blandingen er frosset og stivnet, overføres den til en foodprocessor og behandles.

g) Overfør blandingen til en beholder og stil den i fryseren igen i ca. 1 time, fjern derefter blandingen, omrør kort og overfør den til serveringsfade.

h) Top med revet yuzu-citrusskal og server.

48. Oaxacan lime sorbet

INGREDIENSER:
- 12 nøglelimefrugter, vasket og tørret
- 1 kop sukker
- $3\frac{3}{4}$ kopper vand
- 1 spsk lys majssirup
- Knip kosher salt

INSTRUKTIONER:
a) Riv skallen fra limefrugterne, fjern så meget af det grønne skind som muligt og undgå den hvide marv.
b) Kombiner skal og sukker i en blender eller foodprocessor og puls 4 eller 5 gange for at ekstrahere de naturlige olier.
c) Overfør sukkerblandingen til en skål, tilsæt vand, majssirup og salt, og pisk, indtil sukkeret er opløst.
d) Dæk til og stil den på køl, indtil den er kold, mindst 2 timer, men ikke mere end 4 timer.
e) Frys og kærn i en ismaskine efter producentens anvisninger.
f) For en blød konsistens serveres sorbeten med det samme; for en fastere konsistens, overfør den til en beholder, dæk den til og lad den stivne i fryseren i 2 til 3 timer.

49. Forfriskende limesorbet

INGREDIENSER:

- 6 uvoksede mørkegrønne saftige limefrugter
- 1 til 1 ¼ kopper superfint sukker
- 1 kop vand
- lime- eller mynteblade, til pynt

INSTRUKTIONER:

a) Riv skallen af 2 limefrugter fint i en skål, og tilsæt derefter saften af alle limefrugterne.

b) Tilsæt sukker og vand til skålen og lad stå i 1 til 2 timer på et køligt sted, rør af og til, indtil sukkeret er opløst.

c) Hæld blandingen i en ismaskine og bearbejd i henhold til producentens anvisninger, eller bland i hånden.

d) Når den er fast, frys den i en frysebeholder i 15 minutter eller op til flere timer før servering. Hvis du fryser den i længere tid, skal du tage den ud af fryseren 10 minutter før servering for at blive blød. Denne sorbet kan fryses i op til 3 uger, men den spises bedst hurtigst muligt.

e) Denne opskrift fylder 10 limeskaller. For at servere på denne måde skal du pænt fjerne den øverste tredjedel af limefrugterne og presse deres saft ud i en skål med en river eller håndsaftpresser, og pas på ikke at flække skallerne.

f) Skrab ud og kassér eventuelt resterende frugtkød. Hæld sorbeten i skallerne og frys ned indtil servering.

g) Tilføj et lime- eller mynteblad til at pynte hver fyldt limeskal.

50. Citronsorbet

INGREDIENSER:

- 2 store saftige uvoksede citroner, vaskede
- $\frac{1}{2}$ kop superfint sukker
- $1\frac{1}{2}$ dl kogende vand

INSTRUKTIONER:

a) Riv skallen af citronerne fint i en skål. Pres citronsaften (mindst $\frac{3}{4}$ kop) i skålen og tilsæt sukker og vand. Rør godt rundt og lad stå i 1 til 2 timer på et køligt sted, under omrøring af og til, indtil sukkeret er opløst. Chill.

b) Hæld blandingen i en ismaskine og bearbejd i henhold til producentens anvisninger, eller hæld den i en frysebeholder og frys ned efter håndblandingsmetoden.

c) Når sorbeten er fast, frys den i en frysebeholder i 15 til 20 minutter eller indtil den skal serveres. Sæt den eventuelt i køleskabet 10 minutter før servering for at blive blød.

d) Denne sorbet vil ikke være god, hvis den fryses i mere end 2 til 3 uger.

51. Grapefrugt og Gin Sorbet

INGREDIENSER:
- 5½ ounce granuleret sukker
- 18 ounce grapefrugtjuice
- 4 spsk gin

INSTRUKTIONER:

a) Kom sukkeret i en gryde og tilsæt 300 ml/½ pint vand. Varm forsigtigt op under omrøring, indtil sukkeret er opløst. Øg varmen og kog hurtigt i cirka 5 minutter, indtil blandingen ser sirupsagtig ud. Fjern fra varmen og lad det køle af.

b) Rør grapefrugtjuice i siruppen.

c) Dæk til og stil på køl i cirka 30 minutter eller indtil godt afkølet. Rør ginen i.

d) Kom blandingen i ismaskinen og frys efter anvisningen.

e) Overfør til en passende beholder og frys, indtil det skal bruges.

52. Melon og lime sorbet

INGREDIENSER:

- 1 stor melon
- 150 g/5½ ounce strøsukker
- 2 små limefrugter

INSTRUKTIONER:

a) Skær melonen i halve og skrab ud og kassér kernerne. Tag kødet ud og vej - du skal bruge omkring 1 pund

b) Kom melonkødet i en foodprocessor eller blender; tilsæt sukker og puré, indtil det er glat.

c) Halver limefrugterne og pres deres saft. Tilsæt limesaften til melonblandingen og purér kort.

d) Overfør til en kande, dæk til og stil på køl i cirka 30 minutter eller indtil godt afkølet.

e) Kom blandingen i ismaskinen og frys efter anvisningen.

f) Overfør til en passende beholder eller i fire forme og frys, indtil det skal bruges.

53. Citron- og chutneysorbet

INGREDIENSER:

- En 17-ounce krukke chutney
- 1 kop varmt vand
- 1 spsk frisk citronsaft

INSTRUKTIONER:

a) Kom chutneyen i en foodprocessor og bearbejd enheden jævnt. Med maskinen kørende, fattig i det varme vand, så citronsaften.

b) Hæld blandingen i ismaskinens skål og frys.

c) Følg venligst producentens brugsanvisning. 15 til 20 minutter.

54. Pink Lemonade & Oreo Sorbet

INGREDIENSER:

- 2 dåser Jordbær i sirup
- 2 tsk pink limonade
- 1 tsk vaniljeessens
- 3 kopper friske jordbær i kvarte
- 2 tsk sukker
- 2 spsk balsamicoeddike
- 4 Oreos, smuldret

INSTRUKTIONER:

a) Kom dåse jordbær, lyserød limonade og vaniljeessens i en blender og puls til det er glat, cirka 1 minut.
b) Overfør blandingen til en ismaskine.
c) Bearbejd i henhold til producentens anvisninger.
d) Læg de friske jordbær i en mellemstor skål.
e) Drys med sukker og vend dem grundigt.
f) Tilsæt balsamico og rør forsigtigt. Lad stå i 15 minutter, rør af og til.
g) Hæld jordbærsorbeten i skåle. Fordel den friske jordbærblanding over sorbeten.
h) Drys Oreos over jordbærrene og server.

55. Rubin grapefrugt sorbet

INGREDIENSER:
- 2 modne rubinrøde eller lyserøde grapefrugter
- 1 kop sukkersirup
- 4 spiseskefulde hindbær- eller tranebærjuice

INSTRUKTIONER:

a) Skær grapefrugterne i halve. Pres al saften ud (pas på skallerne, hvis du ønsker at servere sorbeten i dem) og bland med sirup og saft.

b) Fjern forsigtigt og kassér eventuelt resterende frugtkød i skallerne.

c) Hæld blandingen i en ismaskine og bearbejd i henhold til producentens anvisninger, eller hæld den i en frysebeholder og frys ved at bruge håndblandingsmetoden .

d) Når sorbeten er fast, hældes den i grapefrugtskallerne (hvis den bruges) eller en frysebeholder og fryses i 15 minutter eller indtil servering. Tag den eventuelt ud af fryseren 5 minutter før servering for at blive blød. Skær grapefrugthalvdelene i tern til servering.

e) Denne sorbet spises bedst hurtigst muligt, men den kan fryses i op til 3 uger.

56. Mandarin orange sorbet

INGREDIENSER:

- Fem 11-ounce dåser mandarin appelsiner pakket i lys sirup
- 1 kop superfint sukker
- 3 spsk frisk citronsaft

INSTRUKTIONER:

a) Dræn appelsinerne og reserver 2 kopper af siruppen. Purér appelsinerne i en foodprocessor. Rør den reserverede sirup, citronsaft og sukker i.

b) Hæld blandingen i ismaskinens skål og frys. Følg venligst producentens brugsanvisning.

57. Cremet kærnemælk-citronsorbet

INGREDIENSER:
- 2 kopper fedtfattig kærnemælk
- 1 kop sukker
- Skal af 1 citron
- $\frac{1}{4}$ kop frisk citronsaft

INSTRUKTIONER:

a) I en stor røreskål røres alle ingredienserne sammen, indtil sukkeret er helt opløst.

b) Dæk til og stil blandingen på køl i cirka 4 timer, indtil den er meget kold.

c) Overfør blandingen til en ismaskine og frys i henhold til producentens anvisninger.

d) Overfør sorbeten til en frysesikker beholder og frys i mindst 4 timer før servering.

58. Citrus peber sorbet

INGREDIENSER:

- 3 Yellow Wax Hot peberfrugter, stilke og frø fjernet, hakket
- 1 ¾ kopper vand
- 1 ¼ kop sukker
- 3 appelsiner, skrællet med segmenter fjernet fra membranen
- 2 spsk mørk rom
- 4 spsk frisk citron- eller limesaft
- 3 spsk lys majssirup

INSTRUKTIONER:

a) I en gryde kombineres 1 ¼ kopper af vandet med sukkeret. Varm op, indtil sukkeret er opløst. Bring i kog, fjern fra varmen og afkøl til stuetemperatur. Stil på køl 2 timer.

b) Purér de resterende ingredienser med ½ kop vand. Stil på køl 2 timer.

c) Rør sukkerblandingen i frugten og frys efter anvisningerne.

59. Kokos Lime Sorbet

INGREDIENSER:

- 1 (15-ounce) dåse fløde kokosnød
- $\frac{3}{4}$ kop vand
- $\frac{1}{2}$ kop frisk limesaft
- Valgfrit: $\frac{1}{2}$ kop hakkede maraschinokirsebær
- Pynt: Frisk ananas, kirsebær, mangoskiver, banan

INSTRUKTIONER:

a) I en skål piskes ingredienserne sammen.

b) Hvis du tilføjer kirsebær, så gør det nu.

c) Frys blandingen i en ismaskine i henhold til producentens anvisninger.

d) Overfør sorbeten til en lufttæt beholder og sæt den i fryseren for at stivne.

e) Overfør til serveringsskåle og pynt med frisk frugt.

60. Lime sorbet

Giver 4 til 6 portioner

INGREDIENSER:
- 3 kopper vand
- 1 ¼ kopper granuleret sukker
- ¾ kop lys majssirup
- 2/3 kop frisk limesaft (4 store eller 6 mellemstore limefrugter)
- Limebåde til pynt (valgfrit)

INSTRUKTIONER:
a) Kom vand med sukker og majssirup i en tyk gryde. Rør ved høj varme for at opløse sukkeret.
b) Bring i kog. Reducer varmen til moderat temperatur og lad koge i 5 minutter uden omrøring.
c) Fjern fra varmen og lad afkøle ved stuetemperatur.
d) Rør limesaft i. Hæld i en metal røreskål og sæt i fryseren, indtil den er fast hele vejen igennem. Sæt piskeris i fryseren for at afkøle.
e) Tag limeblandingen ud af fryseren. Bryd det op med en træske. Pisk ved lav hastighed indtil fri for klumper.
f) Vend tilbage til fryseren, indtil den er fast igen. Slå igen med afkølede piskeris
g) Sorbeten holder sig i fryseren ved en jævn konsistens i ugevis. Citronsaft kan erstatte limesaft og grøn madfarve kan tilføjes.
h) Limesorbetens klare, rene look uden at farve med en pynt af limebåde er smuk.

61. Honning citron sorbet

INGREDIENSER:

- ½ kop varmt vand
- 2/3 kop honning
- 1 spsk revet citronskal
- 1 kop frisk citronsaft
- 2 kopper koldt vand

INSTRUKTIONER:

a) Kom det varme vand, honning og skal i skålen. Rør indtil honningen er opløst. Rør citronsaft og koldt vand i.
b) Hæld blandingen i ismaskinens skål og frys. Følg venligst producentens brugsanvisning

URTE- OG BLOMSTERSORBETER

62. Moringa og blåbærsorbet

INGREDIENSER:

- 1 tsk Moringa pulver
- 1 kop frosne blåbær
- 1 frossen banan
- ¼ kop kokosmælk

INSTRUKTIONER:

a) Tilsæt alle ingredienserne i en blender eller foodprocessor og blend til det er glat.

b) Tilsæt eventuelt mere væske.

63. Æble- og myntesorbet

Cirka 4-6 portioner

INGREDIENSER:

- 100 g/3½ ounce gyldent granuleret sukker
- 5 store kviste mynte
- 425 ml/¾ pint æblejuice

INSTRUKTIONER:

a) Kom sukkeret i en gryde og tilsæt myntekviste og 300 ml/½ pint vand. Varm forsigtigt op under omrøring, indtil sukkeret er opløst.

b) Øg varmen og kog hurtigt i cirka 5 minutter, indtil blandingen ser sirupsagtig ud.

c) Tag af varmen og rør æblejuice i.

d) Dæk til og stil på køl i mindst 30 minutter eller indtil godt afkølet.

e) Si blandingen for at fjerne mynten.

f) Hæld i ismaskinen og frys efter anvisningen.

g) Overfør til en passende beholder og frys, indtil det skal bruges.

64. Konstant kommentar Sorbet

INGREDIENSER:
- 1 kop konstant kommentar teblade
- 2 kopper koldt vand
- Fire 1x3 tommer strimler af appelsinskal
- 2 kopper simpel sirup
- 2 kopper appelsinjuice

INSTRUKTIONER:
a) Kom teblade, vand og appelsinskal i en skål. Bland indtil tebladene er gennemblødte nok til at holde sig under vand.
b) Stil i køleskabet natten over.
c) Hæld blandingen gennem en si, og tryk på tebladene for at få al væsken ud. Du vil have omkring ⅓ kop stærk te. Kassér tebladene og appelsinskalen.
d) Kombiner teen med simpel sirup og appelsinjuice. Læg den i maskinens skål og frys i 12 til 15 minutter.

65. Cilantro-infunderet avocado lime sorbet

INGREDIENSER:

- 2 Avocadoer (grube og hud fjernet)
- ¼ kop Erythritol, pulveriseret
- 2 mellemstore limefrugter, Juiced og Zested
- 1 kop kokosmælk
- ¼ teskefulde flydende stevia
- ¼ - ½ kop koriander, hakket

INSTRUKTIONER:

a) Bring kokosmælk i kog i en gryde. Tilsæt limeskal.
b) Lad blandingen afkøle og frys derefter.
c) Kombiner avocado, koriander og limesaft i en foodprocessor. Puls indtil blandingen har en tyk konsistens.
d) Hæld kokosmælkblandingen og flydende stevia over avocadoerne. Puls blandingen sammen, indtil den når den passende konsistens. Det tager cirka 2-3 minutter at udføre denne opgave.
e) Sæt tilbage i fryseren for at tø op eller server med det samme!

66. Grøn te sorbet

INGREDIENSER:

- $\frac{3}{4}$ kop sukker
- 3 kopper varmbrygget grøn te

INSTRUKTIONER:

a) Opløs sukker i te og stil på køl, indtil det er godt afkølet.

b) Frys i en isfryser efter producentens anvisninger.

67. Earl Grey te sorbet

INGREDIENSER:

- 1 lille uvokset citron
- 6 ounce gyldent strøsukker
- 2 teposer

INSTRUKTIONER:

a) Skær skallen tyndt af citronen.

b) Kom sukkeret i en gryde med 600 ml (1 pint) vand og varm forsigtigt op, indtil sukkeret er opløst.

c) Tilsæt citronskal til sukkerblandingen og kog i 5-10 minutter, indtil den er let sirupsagtig.

d) Hæld 150 ml (¼ pint) kogende vand over teposerne og lad det trække i 5 minutter.

e) Fjern teposerne (pres spiritussen ud) og kassér dem.

f) Tilsæt tevæsken til sukkeropløsningen og lad den køle af.

g) Dæk til og stil på køl i 30 minutter eller indtil godt afkølet.

h) Si i ismaskinen og frys efter anvisningen.

i) Overfør til en beholder, dæk til og opbevar i fryseren. Det skal nok omrøres efter ca. de første 45 minutters frysning.

68. Jasmin te sorbet

INGREDIENSER:

- 1 ¼ kop jasmin te, afkølet
- ¼ kop sukkersirup, afkølet
- 1 til 2 teskefulde citronsaft
- 1 mellemstor æggehvide

INSTRUKTIONER:

a) Bland te, sukkersirup og citronsaft. Hæld i en ismaskine og bearbejd i henhold til producentens anvisninger, eller hæld i en frysebeholder og frys ved at bruge håndblandingsmetoden. Kør til det er slasket.

b) Pisk æggehviden, indtil der dannes bløde toppe, og vend den derefter i sorbeten. Fortsæt med at kærne og fryse, indtil det er fast. Frys i 15 minutter før servering eller indtil det skal bruges.

c) Denne sorbet har en meget delikat smag og spises bedst inden for 24 timer. Server med sprøde mandelkager eller tuiles.

69. Ananas-urtesorbet

INGREDIENSER:
- 1 lille ananas, udkernet, skrællet og skåret i stykker
- 1 kop sukker
- 1 kop vand
- Saft af 1 lime
- $\frac{1}{2}$ tsk kosher salt
- 2 spiseskefulde hakkede urter, såsom mynte, basilikum eller rosmarin

INSTRUKTIONER:
a) Purér ananasstykkerne, sukker, vand, limesaft og salt i en blender eller foodprocessor, indtil det er glat.

b) Tilsæt urten og puls, indtil urten er nedbrudt til grønne pletter.

c) Hæld blandingen i en skål, dæk til og stil bunden på køl, indtil den er kold, mindst 3 timer eller op til natten over.

d) Pisk bunden forsigtigt for at kombinere den igen. Frys og kærn i en ismaskine efter producentens anvisninger.

e) For en blød konsistens serveres sorbeten med det samme; for en fastere konsistens, overfør den til en beholder, dæk den til og lad den stivne i fryseren i 2 til 3 timer.

70. Lavendel sorbet

INGREDIENSER:
- 2 kopper vand
- 1 kop sukker
- 2 spsk tørrede lavendelblomster
- 1 spsk citronsaft

INSTRUKTIONER:

a) Bland vand og sukker i en gryde. Varm op ved middel varme, indtil sukkeret er helt opløst.

b) Fjern fra varmen og tilsæt de tørrede lavendelblomster. Lad det trække i 10-15 minutter.

c) Si blandingen for at fjerne lavendelblomsterne.

d) Rør citronsaften i.

e) Hæld blandingen i en ismaskine og kør efter producentens anvisninger.

f) Når sorbeten er kærnet, overføres den til en beholder med låg og fryses ned i et par timer for at blive fast.

g) Server lavendelsorbeten i afkølede skåle eller glas til en duftende og beroligende dessert.

71. Rose Sorbet

INGREDIENSER:

- 2 kopper vand
- 1 kop sukker
- $\frac{1}{4}$ kop tørrede rosenblade
- 2 spsk citronsaft
- 1 spsk rosenvand (valgfrit)

INSTRUKTIONER:

a) Bland vand og sukker i en gryde. Varm op ved middel varme, indtil sukkeret er helt opløst.

b) Fjern fra varmen og tilsæt de tørrede rosenblade. Lad det trække i 10-15 minutter.

c) Si blandingen for at fjerne rosenbladene.

d) Rør citronsaft og rosenvand i (hvis du bruger).

e) Hæld blandingen i en ismaskine og kør efter producentens anvisninger.

f) Når sorbeten er kærnet, overføres den til en beholder med låg og fryses ned i et par timer for at blive fast.

g) Server rosensorbeten i afkølede skåle eller glas til en delikat og blomstret dessert.

72. Hibiscus sorbet

INGREDIENSER:
- 2 kopper vand
- 1 kop sukker
- ¼ kop tørrede hibiscus blomster
- 2 spsk citronsaft

INSTRUKTIONER:
a) Bland vand og sukker i en gryde. Varm op ved middel varme, indtil sukkeret er helt opløst.
b) Fjern fra varmen og tilsæt de tørrede hibiscusblomster. Lad det trække i 10-15 minutter.
c) Si blandingen for at fjerne hibiscusblomsterne.
d) Rør citronsaften i.
e) Hæld blandingen i en ismaskine og kør efter producentens anvisninger.
f) Når sorbeten er kærnet, overføres den til en beholder med låg og fryses ned i et par timer for at blive fast.
g) Server hibiscussorbeten i afkølede skåle eller glas til en livlig og syrlig dessert.

73. Hyldeblomstsorbet

INGREDIENSER:

- 2 kopper vand
- 1 kop sukker
- ¼ kop hyldeblomst
- 2 spsk citronsaft

INSTRUKTIONER:

a) Bland vand og sukker i en gryde. Varm op ved middel varme, indtil sukkeret er helt opløst.
b) Fjern fra varmen og rør hyldeblomsten og citronsaften i.
c) Lad blandingen afkøle til stuetemperatur.
d) Hæld blandingen i en ismaskine og kør efter producentens anvisninger.
e) Når sorbeten er kærnet, overføres den til en beholder med låg og fryses ned i et par timer for at blive fast.
f) Server hyldeblomstsorbeten i afkølede skåle eller glas til en delikat og blomstret dessert.

NØDDSORBETER

74. Mandel Sorbet

INGREDIENSER:

- 1 kop Blancherede mandler; ristet
- 2 kopper Kildevand
- $\frac{3}{4}$ kop Sukker
- 1 knivspids Kanel
- 6 spiseskefulde Let majssirup
- 2 spsk Amaretto
- 1 tsk Citronskal

INSTRUKTIONER:

a) I en foodprocessor, mal mandlerne til et pulver. Kombiner vand, sukker, majssirup, spiritus, skal og kanel i en stor gryde, og tilsæt derefter de formalede nødder.

b) Rør konstant ved middel varme, indtil sukkeret er opløst og blandingen koger. 2 minutter i kog

c) Stil til side til afkøling Brug en ismaskine til at kærne blandingen, indtil den er halvfrossen.

d) Hvis du ikke har en ismaskine, skal du overføre blandingen til en skål af rustfrit stål og fryse til den er hård under omrøring hver 2. time.

75. Sorbet med riskager og rødbønnepasta

INGREDIENSER:
TIL SORBETEN
- 2 spsk kondenseret mælk, sødet
- 1 kop mælk

AT TJENE
- 3 stykker klæbrige riskager, overtrukket med ristet sojabønnepulver, skåret i ¾ tomme terninger
- 4 tsk naturlige mandelflager
- 2 spsk mini mochi riskager
- 2 skeer sødet rødbønnepasta
- 4 teskefulde flerkornspulver

INSTRUKTIONER:
a) Blend den kondenserede mælk og mælk i en kop med en læbe til ophældning.

b) Læg blandingen i en isbakke og frys, indtil den bliver til isblokke, omkring 5 timer.

c) Når de er sat, fjernes og placeres i en blender, og pulseres, indtil de er glatte.

d) Kom alle ingredienserne i en serveringsskål, der er blevet afkølet.

e) Læg 3 spiseskefulde sorbet i bunden, og drys derefter med 1 tsk flerkornspulver.

f) Tilsæt derefter yderligere 3 spiseskefulde af sorbeten, efterfulgt af mere kornpulver.

g) Læg nu riskagerne og bønnepasta ovenpå.

h) Drys med mandler og server.

76. Pistacie sorbet

INGREDIENSER:
- 1 kop afskallede pistacienødder
- ½ kop sukker
- 2 kopper vand
- 1 spsk citronsaft

INSTRUKTIONER:
a) Kværn pistacienødderne til et fint pulver i en blender eller foodprocessor.
b) I en gryde kombineres de malede pistacienødder, sukker, vand og citronsaft. Bring blandingen til at simre ved middel varme under omrøring, indtil sukkeret er opløst.
c) Fjern fra varmen og lad blandingen afkøle til stuetemperatur.
d) Si blandingen gennem en finmasket sigte for at fjerne eventuelle faste stoffer.
e) Hæld den sigtede blanding i en ismaskine og kør efter producentens anvisninger.
f) Når sorbeten er kærnet, overføres den til en beholder med låg og fryses ned i et par timer for at blive fast.
g) Server pistaciesorbeten i afkølede skåle eller glas til en lækker og nøddeagtig dessert.

77. Hasselnøddechokoladesorbet

INGREDIENSER:

- 1 kop hasselnøddemælk
- $\frac{1}{2}$ kop sukker
- $\frac{1}{4}$ kop kakaopulver
- $\frac{1}{2}$ tsk vaniljeekstrakt
- Knivspids salt

INSTRUKTIONER:

a) I en gryde piskes hasselnøddemælk, sukker, kakaopulver, vaniljeekstrakt og salt sammen. Varm op over medium varme, indtil blandingen er godt blandet og sukkeret er opløst.

b) Fjern fra varmen og lad blandingen afkøle til stuetemperatur.

c) Overfør blandingen til en ismaskine og kør i henhold til producentens anvisninger.

d) Når sorbeten er kærnet, overføres den til en beholder med låg og fryses ned i et par timer for at blive fast.

e) Server hasselnøddechokoladesorbeten i afkølede skåle eller glas til en rig og overbærende dessert.

78. Cashew Kokossorbet

INGREDIENSER:
- 1 kop cashewmælk
- ½ kop kokosmælk
- ½ kop sukker
- ½ tsk vaniljeekstrakt
- Bær, til pynt

INSTRUKTIONER:

a) I en gryde piskes cashewmælk, kokosmælk, sukker og vaniljeekstrakt sammen. Varm op over medium varme, indtil blandingen er godt blandet og sukkeret er opløst.

b) Fjern fra varmen og lad blandingen afkøle til stuetemperatur.

c) Overfør blandingen til en ismaskine og kør i henhold til producentens anvisninger.

d) Når sorbeten er kærnet, overføres den til en beholder med låg og fryses ned i et par timer for at blive fast.

e) Server cashew-kokossorbeten i afkølede skåle eller glas til en cremet og tropisk dessert.

f) Top med bær.

79. Valnød ahornsorbet

INGREDIENSER:

- 1 kop valnøddemælk
- $\frac{1}{2}$ kop ahornsirup
- $\frac{1}{4}$ kop sukker
- $\frac{1}{2}$ tsk vaniljeekstrakt

INSTRUKTIONER:

a) I en gryde piskes valnøddemælk, ahornsirup, sukker og vaniljeekstrakt sammen. Varm op over medium varme, indtil blandingen er godt blandet og sukkeret er opløst.

b) Fjern fra varmen og lad blandingen afkøle til stuetemperatur.

c) Overfør blandingen til en ismaskine og kør i henhold til producentens anvisninger.

d) Når sorbeten er kærnet, overføres den til en beholder med låg og fryses ned i et par timer for at blive fast.

e) Servér valnøddeahornsorbeten i afkølede skåle eller glas til en nøddeagtig og naturligt sød dessert.

ALKOHOLISKE SORBETER

80. Bellini Sorbet

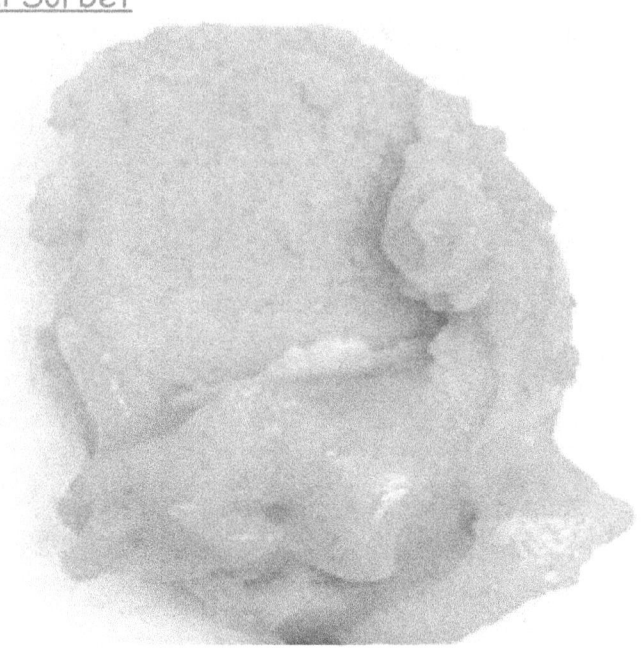

INGREDIENSER:

- 4 modne ferskner, skrællet, udstenet og pureret i en foodprocessor
- ⅔ kop sukker
- ¼ kop lys majssirup
- ⅔ kop hvid Bourgogne
- 3 spsk frisk citronsaft

INSTRUKTIONER:

a) Kog Kombiner de purerede ferskner, sukker, majssirup, vin og citronsaft i en mellemstor gryde og bring det i kog under omrøring, indtil sukkeret er opløst. Overfør til en mellemstor skål og lad afkøle.

b) Afkøl Sæt sorbetbunden i køleskabet og stil den på køl i mindst 2 timer.

c) Frys Fjern den frosne beholder fra fryseren, saml din ismaskine, og tænd den. Hæld sorbetbunden i dåsen og centrifuger lige indtil den er konsistensen af meget blødt flødeskum.

d) Pak sorbeten i en opbevaringsbeholder. Tryk et stykke pergament direkte mod overfladen og forsegl det med et lufttæt låg. Frys i den koldeste del af din fryser, indtil den er fast, mindst 4 timer.

81. Jordbær Champagne Sorbet

INGREDIENSER:
- 4 kopper friske jordbær, vasket og afskallet
- 1½ kop champagne eller prosecco
- ⅓ kop granuleret sukker

INSTRUKTIONER:

a) Tilsæt alle ingredienserne til en blender og blend, indtil det er glat.

b) Overfør blandingen til en ismaskine og kør i henhold til producentens anvisninger.

c) Spis med det samme eller overfør til en frysesikker beholder for at afkøle, indtil den er fast.

82. Applejack Sorbet en Casis

INGREDIENSER:
- 2 ¾ kopper koldt vand
- 1 (1-tommer) stang kanel
- 1½ dl granuleret sukker
- Knivspids salt
- ¼ kop æblestik
- 4 spsk citronsaft
- 1 spsk revet appelsinskal

INSTRUKTIONER:
a) Kom koldt vand, kanel, sukker, salt og æblejakke i en gryde.
b) Rør til sukkeret er opløst. Bring til kogepunktet og kog i 5 minutter uden omrøring.
c) Si væsken over i en gryde eller en stor skål og afkøl lidt.
d) Rør den sigtede citronsaft og revet appelsinskal i blandingen.
e) Afkøl grundigt og afkøl inden frysning.

83. Hibiscus-Sangria Sorbet

INGREDIENSER:
- 2 kopper rødvin
- 1 kop vand
- 1½ kop tørrede hibiscus blomster
- 2 spsk lys majssirup
- 1 kop sukker
- Revet skal og saft af 1 lille appelsin
- 1 lille fersken
- 1 lille syrligt æble
- ½ kop røde druer
- ½ kop jordbær

INSTRUKTIONER:
a) Kombiner vin, vand, hibiscus, majssirup og ¾ kop sukker i en gryde. Bring det i kog over middel varme og kog i 5 minutter under omrøring for at opløse sukkeret.

b) Fjern fra varmen, rør appelsinskal og saft i, og lad det køle af til stuetemperatur.

c) Hæld blandingen gennem en finmasket si sat over en skål. Dæk til og stil på køl, indtil det er koldt, mindst 3 timer, eller op til natten over.

d) Cirka 15 minutter før du er klar til at fryse sorbeten, pit og hak ferskenen fint. Udkern og skær æblet fint. Skær druerne i halve.

e) Skræl og skær jordbærrene fint. Kombiner al frugten i en skål, tilsæt den resterende ¼ kop sukker, og vend for at kombinere. Sæt til side.

f) Frys og kærn hibiscusblandingen i en ismaskine efter producentens anvisninger.

g) Når sorbeten er færdig med at kærne, drænes frugtblandingen i en finmasket si, hvorefter frugten blandes i sorbeten.

h) Overfør til en beholder, dæk til og lad stivne i fryseren i 2 til 3 timer.

84. Champagne cocktailsorbet

INGREDIENSER:

- 1½ dl vand, afkølet
- ½ kop grapefrugtjuice
- 1 kop superfint sukker
- 1 ½ kop champagne eller mousserende tør hvidvin, afkølet
- 1 mellemstor æggehvide

INSTRUKTIONER:

a) Bland vand, grapefrugtjuice og sukker. Afkøl indtil sukkeret er opløst. Rør champagnen eller mousserende vin i.

b) Hæld i en ismaskine og bearbejd i henhold til producentens anvisninger, eller i en frysebeholder og frys ved at bruge håndblandingsmetoden . Kør indtil det bliver sjusset.

c) Pisk æggehviden til den danner bløde toppe. Tilsæt den til skålen med sorbet, mens den kærner, eller fold den i blandingen i fryseren. Fortsæt indtil fast. Frys i mindst 20 minutter for at stivne inden servering. Servér sorbeten direkte fra fryseren, for den smelter meget hurtigt.

d) Inden servering fryses glassene kort, med en dråbe brandy, Cassis eller Fraise i bunden.

e) Opbevar det ikke længere end et par dage.

85. Sorbeternes regnbue

INGREDIENSER:

- 1 (16-ounce) dåse skåret eller halverede pærer i kraftig sirup
- 2 spsk Poire William likør
- 1 (16-ounce) dåse skåret eller halveret fersken i kraftig sirup
- 2 spsk bourbon
- 1 (20 ounce) dåse knust ananas i kraftig sirup
- 3 spsk mørk rom
- 2 spsk kokosfløde på dåse
- 1 (16-ounce) dåse abrikoshalvdele i kraftig sirup
- 2 spsk amaretto
- 1 (17-ounce) dåse blomme i kraftig sirup
- 4 spsk creme de cassis
- $\frac{1}{4}$ tsk kanel

INSTRUKTIONER:

a) Frys en uåbnet dåse frugt, indtil den er frossen fast, mindst 18 timer.

b) Nedsænk den uåbnede dåse i varmt vand i 1 til 2 minutter.

c) Åbn dåsen og hæld siruppen i foodprocessorskålen. Fjern den anden ende af dåsen og vend frugten ud på skærefladen.

d) Skær i 1-tommer skiver, skær derefter i stykker og tilsæt til processorskålen. Process, pulserende til og fra, indtil glat. Tilsæt de resterende ingredienser og bearbejd bare for at blande grundigt.

e) Server med det samme eller hæld i skålen, dæk til og frys indtil servering i op til 8 timer.

86. Lime Daiquiri Sorbet

INGREDIENSER:

- 2 ½ kopper frisk limesaft (10 til 12 store limefrugter)
- Revet skal af 3 lime
- 1 ⅓ kopper granuleret sukker
- 1 kop rom
- ½ kop vand

INSTRUKTIONER:

a) Blend alle ingredienser i en blender eller foodprocessor udstyret med et metalblad.

b) Frys i en ismaskine, følg producentens anvisninger.

87. Calvados sorbet

INGREDIENSER:

- 1 ¾ kopper plus 2 spsk Calvados
- 3 spsk simpel sirup

INSTRUKTIONER:

a) Opvarm 1 ½ dl Calvados i en gryde over medium varme, indtil den er varm.

b) Sluk for varmen, stå tilbage, og rør en tændt tændstik til Calvados.

c) Lad det brænde, indtil flammerne dør, cirka 8 minutter. Rør de resterende 6 spsk.

d) Calvados og den simple sirup

e) Hæld blandingen i ismaskinens skål og frys. Følg venligst producentens brugsanvisning. 30 minutter.

GRØNTSAGS SORBETER

88. Roeborsjtsj sorbet

INGREDIENSER:
- 1 pund rødbeder
- 5 kopper vand
- 2 ½ tsk hvid eddike
- 2 spsk frisk citronsaft
- ¾ tsk citronsyre (surt salt) krystaller ½ til ¾ kop sukker
- 2 ¼ tsk salte Creme fraiche Hakket dild

INSTRUKTIONER:
a) Vask og skrub rødbederne godt. Klip alle stænglerne undtagen 1 tomme af.
b) Kom rødbederne i en gryde med vandet. Sæt over høj varme og bring det i kog.
c) Dæk gryden til, reducer varmen til et lavt kogepunkt, og kog i 20 til 40 minutter, eller indtil rødbederne kan stykkes med et spyd.
d) Stil til side for at køle lidt af.
e) Si rødbederne gennem en finmasket si ned i en gryde. Gem rødbederne til anden brug.
f) Mål væsken og tilsæt nok vand til at lave 4 kopper. Mens væsken stadig er varm, tilsæt eddike, citronsaft, citronsyre, sukker og salt. Rør for at opløses.
g) Smag til og ret krydderier evt. Effekten skal være sød og sur.
h) Afkøl borschten grundigt. Hæld i maskinens skål og frys.
i) Pynt med en klat creme fraiche og et drys frisk dild.

89. Tomat- og basilikumsorbet

INGREDIENSER:

- 5 friske modne tomater
- ½ kop frisk citronsaft
- 1 tsk salt
- ½ kop simpel sirup
- 1 spsk tomatpure
- 6 friske basilikumblade, groft hakket

INSTRUKTIONER:

a) Skræl, udkern og kerner tomaterne.
b) Purér dem i en foodprocessor, du skal have cirka 3 kopper puré.
c) Rør de resterende ingredienser i
d) Hæld blandingen i ismaskinens skål og frys.
e) Følg venligst producentens brugsanvisning.

90. Agurk-Lime Sorbet Med Serrano Chile

INGREDIENSER:

- 2 kopper vand
- 1 kop sukker
- 2 spsk lys majssirup
- 2 serrano- eller jalapeño-chiles, opstammet og frøet
- 1 tsk kosher salt
- 2 pund agurker, skrællet, frøet og skåret i store stykker
- ⅔ kop friskpresset limejuice

INSTRUKTIONER:

a) I en lille gryde kombineres 1 kop af vandet og sukkeret. Bring det i kog over middel varme, under omrøring for at opløse sukkeret. Tag den af varmen, rør majssiruppen i og lad den køle af.

b) I en blender kombineres den resterende 1 kop vand, chili og salt og puré, indtil der ikke er nogen synlige bidder. Hæld blandingen gennem en finmasket si sat over en skål.

c) Kom det siede chilivand tilbage i blenderen, tilsæt agurkerne og blend, indtil det er glat.

d) Hæld blandingen gennem den finmaskede si sæt over skålen. Rør limesaft og sukkerlage i. Dæk til og stil den på køl, indtil den er kold, mindst 4 timer eller op til 8 timer.

e) Frys og kærn i en ismaskine efter producentens anvisninger. For en blød konsistens serveres sorbeten med det samme; for en fastere konsistens, overfør den til en beholder, dæk den til og lad den stivne i fryseren i 2 til 3 timer.

91. Røde bønnepastasorbet

INGREDIENSER:

- En 18-ounce dåse sødet rød bønnepasta
- 1 kop vand
- 1½ kop simpel sirup

INSTRUKTIONER:

a) Kom bønnepastaen og vandet i en foodprocessor og purér, indtil det er glat. Rør den simple sirup i.

b) Hæld blandingen i ismaskinens skål og frys. Følg venligst producentens brugsanvisning.

92. Majs- og kakaosorbet

INGREDIENSER:

- ½ kop masa harina
- 2½ kopper vand, plus mere efter behov
- 1 kop sukker
- ½ kop usødet hollandsk-proces kakaopulver
- Knip kosher salt
- ¾ teskefuld malet mexicansk kanel
- 5 ounce bittersød eller halvsød chokolade, finthakket

INSTRUKTIONER:

a) I en skål kombineres masa harinaen med ½ kop vand.
b) Bland med hænderne til du har en ensartet dej. Hvis det føles en smule tørt, blandes et par spiseskefulde vand i og stilles til side.
c) I en stor gryde piskes de resterende 2 kopper vand og sukker, kakaopulver og salt sammen. Bring det i kog ved middel varme, mens du pisk konstant for at smelte sukkeret.
d) Tilsæt masa-blandingen, bring det i kog, og kog under konstant omrøring, indtil blandingen er godt blandet, og der ikke er nogen klumper, cirka 3 minutter. Pisk kanel og chokolade i, til chokoladen er smeltet. Overfør bunden til en skål, dæk til og stil den på køl, indtil den er kold, cirka 2 timer.
e) Pisk bunden for at kombinere den igen. Frys og kærn i en ismaskine efter producentens anvisninger. For en blød konsistens serveres sorbeten med det samme; for en fastere konsistens, overfør den til en beholder, dæk den til og frys den i højst 1 time før servering.

93. Agurk mynte sorbet

INGREDIENSER:
- 2 store agurker
- ½ kop friske mynteblade
- ¼ kop sukker
- 2 spsk limesaft
- Knivspids salt

INSTRUKTIONER:

a) Skræl og skær agurkerne i tern.

b) I en blender eller foodprocessor kombineres de hakkede agurker, mynteblade, sukker, limesaft og salt. Blend indtil glat.

c) Si blandingen gennem en finmasket sigte for at fjerne eventuelle faste stoffer.

d) Hæld den sigtede blanding i en ismaskine og kør efter producentens anvisninger.

e) Når sorbeten er kærnet, overføres den til en beholder med låg og fryses ned i et par timer for at blive fast.

f) Server agurkmyntesorbeten i afkølede skåle eller glas som en forfriskende og kølende forkælelse.

94. Sorbet af brændt rød peber

INGREDIENSER:

- 2 store røde peberfrugter
- ¼ kop sukker
- 2 spsk citronsaft
- Knivspids salt
- Et skvæt cayennepeber (valgfrit for et krydret kick)

INSTRUKTIONER:

a) Forvarm ovnen til 400°F (200°C).
b) Skær de røde peberfrugter i halve og fjern kerner og hinde.
c) Læg peberhalvdelene på en bageplade med skæresiden nedad.
d) Rist peberfrugterne i ovnen i 25-30 minutter eller indtil skindet er forkullet og blæret.
e) Tag peberfrugterne ud af ovnen og lad dem køle af. Når den er afkølet nok til at håndtere, skal du fjerne huden.
f) I en blender eller foodprocessor kombineres de ristede røde peberfrugter, sukker, citronsaft, salt og cayennepeber (hvis du bruger). Blend indtil glat.
g) Si blandingen gennem en finmasket sigte for at fjerne eventuelle faste stoffer.
h) Hæld den sigtede blanding i en ismaskine og kør efter producentens anvisninger.
i) Når sorbeten er kærnet, overføres den til en beholder med låg og fryses ned i et par timer for at blive fast.
j) Server den ristede røde pebersorbet i afkølede skåle eller glas som en unik og smagfuld forret eller dessert.

95. Roer og appelsinsorbet

INGREDIENSER:
- 2 mellemstore rødbeder, kogte og skrællede
- Skal og saft af 2 appelsiner
- $\frac{1}{4}$ kop sukker
- 2 spsk citronsaft
- Knivspids salt

INSTRUKTIONER:
a) Skær de kogte og skrællede rødbeder i stykker.
b) I en blender eller foodprocessor kombineres roebidderne, appelsinskal, appelsinjuice, sukker, citronsaft og salt. Blend indtil glat.
c) Si blandingen gennem en finmasket sigte for at fjerne eventuelle faste stoffer.
d) Hæld den sigtede blanding i en ismaskine og kør efter producentens anvisninger.
e) Når sorbeten er kærnet, overføres den til en beholder med låg og fryses ned i et par timer for at blive fast.
f) Server rødbede- og appelsinsorbeten i afkølede skåle eller glas til en livlig og syrlig dessert.

SUPPE SORBETER

96. Gazpacho sorbet

INGREDIENSER:

- 2 ½ kopper afkølet Gazpacho
- 2 spsk frisk citronsaft
- 1 tsk salt
- 1 kop vand
- 1 kop tomatjuice
- ¼ tsk Tabasco
- 4 slibninger frisk sort peber

INSTRUKTIONER:

a) Bland alle ingredienserne, juster krydderierne efter smag.

b) Si blandingen og gem grøntsagsstykkerne.

c) Hæld væsken i maskinens skål, og efter frysning i 10 minutter, rør den reserverede grøntsag i og frys, indtil den er fast.

97. Kyllingesuppe og dildsorbet

INGREDIENSER:
- 1 liter rig hjemmelavet hønsefond
- 2 spsk tætpakket, finthakket frisk dild
- 2 til 4 spsk frisk citronsaft
- Salt og friskkværnet peber efter smag

INSTRUKTIONER:
a) Kom alle ingredienserne i ismaskinens skål og frys.

98. Gulerod ingefær sorbet

INGREDIENSER:

- 4 store gulerødder
- 1-tommer stykke frisk ingefær, skrællet
- ½ kop sukker
- ¼ kop vand
- 2 spsk citronsaft

INSTRUKTIONER:

a) Skræl og hak gulerødderne i små stykker.

b) Kombiner de hakkede gulerødder, frisk ingefær, sukker, vand og citronsaft i en blender eller foodprocessor. Blend indtil glat.

c) Si blandingen gennem en finmasket sigte for at fjerne eventuelle faste stoffer.

d) Hæld den sigtede blanding i en ismaskine og kør efter producentens anvisninger.

e) Når sorbeten er kærnet, overføres den til en beholder med låg og fryses ned i et par timer for at blive fast.

f) Servér gulerods-ingefærsorbeten i afkølede skåle eller glas for en levende og frisk ganerenser.

99. Svampe Consommé Sorbet

INGREDIENSER:

- 8 ounces cremini eller knapsvampe, hakket
- 4 kopper grøntsagsbouillon
- 2 fed hvidløg, hakket
- 2 spsk sojasovs
- 1 spsk citronsaft
- 1 tsk sukker
- ½ tsk salt
- ¼ tsk sort peber

INSTRUKTIONER:

a) Kombiner svampe, grøntsagsbouillon, hakket hvidløg, sojasauce, citronsaft, sukker, salt og sort peber i en gryde. Bring blandingen i kog ved middel varme.

b) Reducer varmen og lad blandingen simre i ca. 20 minutter, så smagene trækker.

c) Fjern fra varmen og lad blandingen afkøle til stuetemperatur.

d) Si blandingen gennem en finmasket sigte for at fjerne eventuelle faste stoffer og sikre en jævn konsommé.

e) Hæld den sigtede consommé i en ismaskine og kør efter producentens anvisninger.

f) Når sorbeten er kærnet, overføres den til en beholder med låg og fryses ned i et par timer for at blive fast.

g) Server svampe-consommé-sorbeten i afkølede skåle eller glas som en velsmagende og forfriskende forret eller ganerens.

100. Vandmelon Agurk Sorbet

INGREDIENSER:
- 4 kopper vandmelon, frøet og skåret i tern
- 1 agurk, skrællet og skåret i tern
- ¼ kop sukker
- 2 spsk limesaft
- Mynteblade til pynt (valgfrit)

INSTRUKTIONER:

a) I en blender eller foodprocessor kombineres vandmelonterninger, agurk i tern, sukker og limesaft. Blend indtil glat.

b) Si blandingen gennem en finmasket sigte for at fjerne eventuelle faste stoffer.

c) Hæld den sigtede blanding i en ismaskine og kør efter producentens anvisninger.

d) Når sorbeten er kærnet, overføres den til en beholder med låg og fryses ned i et par timer for at blive fast.

e) Anret vandmelon agurk sorbet i afkølede skåle eller glas. Pynt med friske mynteblade, hvis det ønskes, for en ekstra friskhed.

KONKLUSION

Vi håber, du har nydt at udforske sorbets verden gennem "Sorbett: Forfriskende opskrifter til uimodståelige frosne lækkerier." Vi har designet denne kogebog for at inspirere din kreativitet og opmuntre dig til at eksperimentere med smag, teksturer og præsentationer for at skabe sorbeter, der virkelig glæder sanserne. Fra klassiske frugtkombinationer til unikke og eksotiske twists tilbyder opskrifterne i denne kogebog en række muligheder for enhver smag. Uanset om du foretrækker den syrlige citrus, sødmen af bær eller finessen i urter og krydderier, har sorbet uendelige muligheder. Så tag fat i din ismaskine, saml dine yndlingsingredienser, og lad fantasien løbe løbsk, mens du fortsætter med at udforske verden af hjemmelavede sorbeter. Må hver frossen scoop bringe dig glæde, forfriskning og et strejf af sødme til dit liv. Skål for mange lækre frosne eventyr!

www.ingramcontent.com/pod-product-compliance
Lightning Source LLC
Chambersburg PA
CBHW071856110526
44591CB00011B/1438